Gestickte Miniaturbilder
Techniken, Motive, Vorlagen

Peter Baumann

Gestickte Miniaturbilder

Techniken, Motive, Vorlagen

ENGLISCH VERLAG

Gestickte Miniaturbilder : Techniken, Motive, Vorlagen /
Peter Baumann. - Wiesbaden : Englisch, 1992, 2. Auflage 1993
ISBN 3-8241-0488-1

Umschlag- und Innengestaltung Andreas Ruers.
Fotos Reinhard Berg.

Printed in Germany.

Inhaltsverzeichnis

Vorwort 7

Begriffsbestimmung 8

Die Vorbereitung 8

Zusammenstellung des Materials 8
Die Landschaftsfotografie 11
Anfertigen einer Zeichnung 12
Die Werkskizze 17
Einspannen des Gewebes und Übertragen des Motives 17

Das Sticken 18

Der Knötchenstich 18
Der Spannstich 20
Der Überfangstich 21
Der versetzte Überfangstich 22
Die Garnfarben und Farbgruppen 24
Das Aussticken des Motivs 26

Das Arbeiten mit Textilfarbe 30

Das Rahmen 32

Anleitungen für Miniaturbilder 34

Anleitungen für größere Bilder 39

Das Mischen mit farbigen Fäden 40
Das Aussticken des Motivs 44
Die Fertigung des Passepartouts 47

Weitere Arbeitsanleitungen 48

Nachwort 64

Vorwort

„Ich habe ganz neu sehen gelernt und nehme Natureindrücke bewußter wahr", ist die erstaunte Feststellung vieler Teilnehmerinnen an meinen Stickkursen. Ihnen ergeht es so, wir mir vor circa drei Jahren. Am Anfang stand bei mir die Liebe zur Natur, die ich in Aquarellbildern ausdrückte. Weil mir aber die flache, ebene Darstellung nicht ausreichte, sondern ich lieber eine plastische Wirkung erzielen wollte, begann ich mit Wollfäden zu experimentieren und entwickelte 1986 die hier beschriebene Sticktechnik.

Die oben getroffene Feststellung ist eine Nebenerscheinung; die Hauptsache besteht darin, daß Menschen, die im Sticken gänzlich unerfahren sind, mit geringem Aufwand (Landschafts-)Stickbilder anfertigen können, weil die Technik hierzu einfach ist.

Ich arbeitete zunächst nur mit Spannstichen, entwickelte dann dazu das Knötchen und hatte nun die Möglichkeit der Gestaltung in freier Form, wobei die Stickstiche durch ihre unterschiedlichen Höhen die plastische Wirkung zeigte, die ich ursprünglich angestrebt hatte. Über den Woll- und Jutefaden fand ich schließlich zum Sticktwist, der eine größere farbliche Auswahl bietet.

Als Vorlage für den perspektivischen Aufbau meiner Bilder dient immer ein Landschaftsfoto. Nicht immer übernehme ich allerdings die abgebildete Farbgebung der Fotos oder Nebensächlichkeiten darauf. Weil die Farbgebung häufig nicht eindeutig genug ist, vergleiche ich die Farbtöne des Garns mit denen draußen in der freien Natur.

Dieses Buch soll allen eine praktische Hilfe sein, die kreativ tätig sind und eigene Entwürfe und Ideen verwirklichen wollen.

Peter Baumann

Begriffsbestimmung

Das Malen mit Nadel und Faden ist eine Form des freien Stickens, an keinerlei Regeln gebunden. Im Vordergrund steht das Umsetzen optischer Eindrücke in bildlich-plastische Darstellung durch die Verarbeitung von farbigen Fäden.

Originalgröße 4 × 4 cm

Ich habe Wert darauf gelegt, daß die Kosten zur Erstellung eines Bildes möglichst gering gehalten werden; Material und Arbeitsmittel befinden sich fast in jedem Haushalt.

Die Vorbereitung

Zur Vorbereitung gehört zunächst die persönliche Einstellung zum Werkstück. Die im folgenden beschriebene Sticktechnik verlangt ein hohes Maß an Geduld, und sie ist zeitaufwendig: Für eine Fläche von 1 cm² benötige ich circa zwei Arbeitsstunden. Sie läßt dafür aber der künstlerischen Entfaltung großen Spielraum.
Bis mit dem Sticken begonnen werden kann, sind mehrere Arbeitsgänge erforderlich, die ich in den folgenden Abschnitten beschreibe.

Zusammenstellung des Materials

Der Bilderrahmen

Bevor ich mit dem Entwurf des Bildes beginne, benötige ich die Größe des Formates und des Bilderrahmens. Hierzu stelle ich vier Möglichkeiten vor:

- Die voll ausgestickte Bildfläche, nur durch die Rahmenleiste begrenzt
- Die Bildfläche hinter dem Passepartout, beides vom Rahmen umgeben (Bild rechts)
- Die Bildfläche, die sich mitten auf dem Gewebe befindet, wobei die äußeren Flächen des Gewebes gleichzeitig eine Umrandung bilden, ebenfalls vom Rahmen umgeben (Bild unten)
- Die aufgesetzte Bildfläche, vom Rahmen umgeben

Zum Beschreiben des Arbeitsvorganges habe ich hier das Format 4 × 4 cm Bildfläche ausgewählt, das sich hinter dem Passepartout befindet.
Unter Abschnitt VI. beschreibe ich das Einrahmen des fertigen Stickbildes.

Originalgröße mit Rahmen 9,7 × 9,7 cm

Originalgröße mit Rahmen 11,7 × 11,7 cm

Das Untergrundgewebe

Zum Besticken verwende ich vorzugsweise Stoffe aus Mischfasern, in Leinenbindung gewebt, etwa fünfzig Prozent Baumwolle zu fünfzig Prozent Polyester, aber auch fünfunddreißig Prozent zu fünfundsechzig Prozent oder ähnliches.

Reines Baumwollgewebe verzieht sich bei mir, wenn ich Knötchen arbeite; es ist auch nicht sehr strapazierfähig. Den Stoff gewinne ich aus abgetragenen Oberhemden, die ich auftrenne und zuschneide.
Will ich ein Bild mit blauem Himmel sticken, verwende ich hellblauen Oberhemdenstoff, soll der Himmel bewölkt erscheinen, graues oder weißes Gewebe in Verbindung mit Textilfarbe.

Größe circa 12 × 8,5 cm

Das Garn

Ich arbeite zur Zeit ausschließlich mit Sticktwist, weil er eine große Farbpalette bietet, der einzelne Faden aus dem sechsfachen Strang der Docke dünn ist und die Farben durch den Glanz noch verstärkt werden.

Für die kleineren Miniaturbilder verwende ich jeweils einen Faden, wird das Bildformat größer, arbeite ich auch mit zwei oder drei Fäden in der Nadel.
Die einzelnen Arbeitsfäden schneide ich auf eine Länge von höchstens 30 cm ab, weil längere Fäden schnell verschleißen: Sie beginnen zu fusseln und zu reißen, außerdem wird der gespannte oder geknotete Faden unsauber.

Der Stickrahmen

Als wichtigstes Utensil betrachte ich den Stickrahmen. Für die hier beschriebene Sticktechnik verwende ich nur die sogenannten Maschinenstickringe aus Holz mit Stellschraube. Der Durchmesser sollte im Verhältnis zum Format des Stickbildes stehen und nur gering größer sein:
Für das Format 4 × 4 cm wäre ein Stickrahmen mit dem Durchmesser von 10,5 cm angemessen. Einerseits spart man so Stoff, wenn die Fläche möglichst klein gehalten wird, andererseits ergibt sich so aber auch eine solide und feste Arbeitsfläche, die die Spannung behält, denn das Gewebe wird sehr straff in den Rahmen eingespannt.

Die Nadel

Für das folgende Miniaturstickbild verwende ich Nähnadeln der Größe Nummer 9 – halblang – und versticke mit ihnen den einzelnen Faden; es passen aber auch zwei Fäden hinein.

Arbeite ich an größerformatigen Bildern, nehme ich möglichst kurze, dünne Nadeln mit großem Öhr, damit auch drei Fäden gleichzeitig eingefädelt werden können. Dünn sollten die Nadeln sein, um die Einstichlöcher klein zu halten oder kaum sichtbar werden zu lassen.
Den einmal eingefädelten Faden belasse ich nach Gebrauch in der Nadel und nehme bei Farbwechsel eine neue, so daß sich auf meiner „Palette", dem Stickkissen oder Schaumgummistück, eine Vielzahl von Nadeln mit unterschiedlichen Farbtönen befinden.

An sonstigen Geräten benötige ich zum Sticken die scharfe Stickschere, eine Pinzette zum Entfernen von Fussel und Holz- oder Pappstückchen mit der Garn-Nummer zum Aufwickeln von Restfäden.
Alle übrigen Utensilien beschreibe ich, wenn die Stickerei fertiggestellt ist und das Bild gerahmt werden soll.

Die Landschaftsfotografie

Sie ist Ausgangspunkt und Vorlage des Stickbildes, wobei sie hier nicht auf einem hohen künstlerischen Niveau stehen muß, denn sie soll ja noch zeichnerisch umgesetzt werden können.
Einfache, klare Motive erleichtern den weiteren Arbeitsverlauf.
Ich lege bei den Landschaftsfotos Wert darauf, daß Geländeformen, Bewuchs und bauliche Gegebenheiten vom Hintergrund zum Vordergrund hin gestaffelt erscheinen oder eine perspektivische Führung (Weg, Fluß, Ackerfurchen) durch das Bild läuft, denn so sticke ich auch das Motiv.

Für mich uninteressante und unwesentliche Gegebenheiten, die ich beim Fotografieren zwangsläufig mit auf das Bild nehmen muß, weil ich keinen anderen Standort finde, lasse ich später in der Zeichnung weg.

Von Bedeutung ist allerdings der Licht-Schatten-Kontrast, den ich nach Möglichkeit vorwiegend an Bäumen und Büschen einzufangen versuche.
Daher ist die optimale Position zum Fotografieren dann gefunden, wenn die Sonne seitlich auf das Objekt fällt.

Ich verlasse mich nicht auf eine Einzelaufnahme, sondern erarbeite das Motiv aus verschiedenen Blickwinkeln und bei unterschiedlichen Lichtverhältnissen.

Interessante Wolkengebilde und Himmelsverfärbungen halte ich gesondert gleichzeitig fest, denn den gesamten Himmel und das Landschaftsmotiv bekommt man meistens nicht auf ein Foto.
Zum Fotografieren genügt ein einfacher Fotoapparat ohne Zusatzgeräte.

Durchmesser circa 8,5 cm

Anfertigen einer Zeichnung

Der Größe des Stickbildes entsprechend, entnehme ich dem Foto das wesentliche Motiv und zeichne es, auf 4 × 4 cm verkleinert, zunächst auf Papier auf.
Hier ist es erforderlich, daß die perspektivischen Linien mit dem Lineal angelegt werden, weil gerade Linien das spätere Sticken erleichtern. Ich halte mich dann zwar nicht genau an die gerade Linie und weiche links und rechts davon ab, habe aber so eine grundsätzliche Führung für den perspektivischen Aufbau. Dieser perspektivische Aufbau bildet die Grundlage meiner Landschaftsdarstellungen; durch ihn wirken die Stickereien natürlich und naturgetreu.

Beispiele für perspektivische Linienführung: Je flacher der Blickwinkel, um so kürzer die Mittellinie. Die drei Zeichnungen eignen sich zum Anlegen von Wegen, Bächen und Ackerfurchen. Die Linien laufen aus dem Bild.

Muster für Linienführung bei der Anlage von Wegen, Flüssen und so weiter.
Die optisch günstigsten Linien zeigt die mittlere Abbildung.

Die linke Abbildung zeigt den sogenannten doppelten Horizont; im Mittelgrund befindet sich ein Hügel.
Die mittlere Abbildung zeigt aus dem Bild laufende Linien von Feldern.

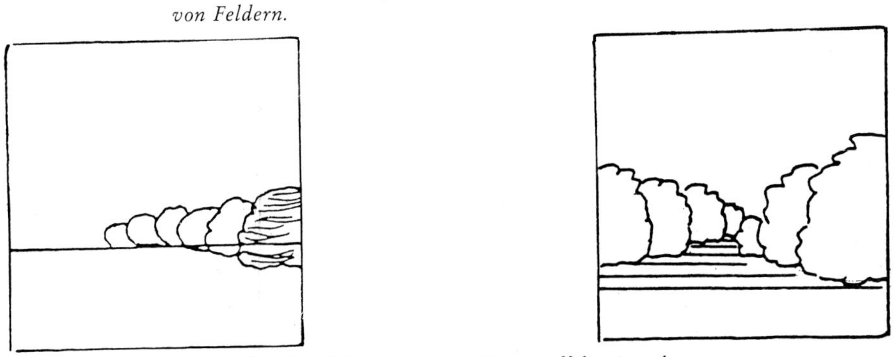

Die beiden Abbildungen zeigen die gestaffelte Anordnung von Büschen.

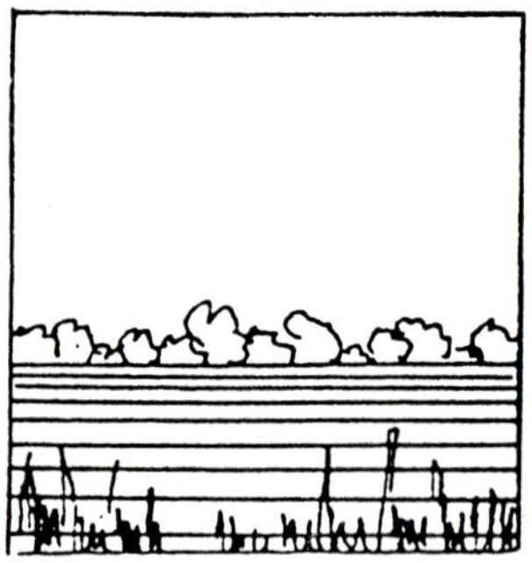

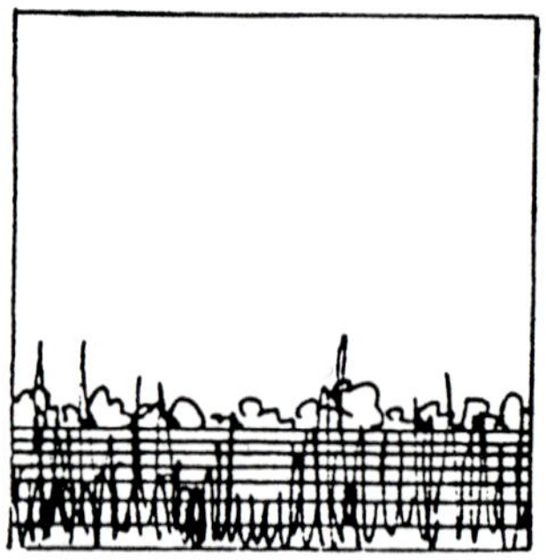

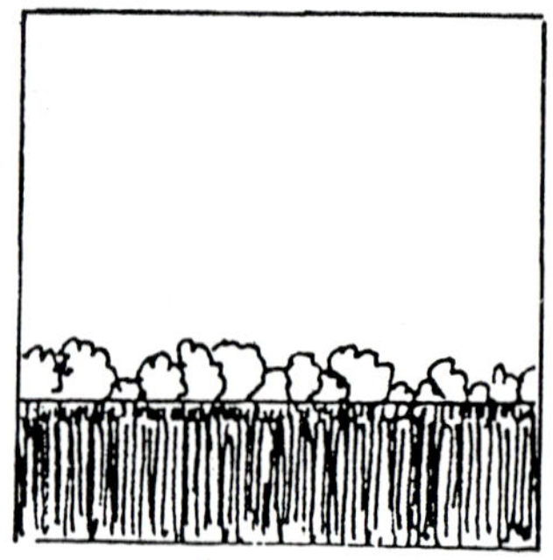

Beispiel für waagerechte Linien, Horizont, Felder, Furchen. Je flacher der Blickwinkel, um so höher der Bewuchs im Vordergrund.

Die beiden Abbildungen unten zeigen Beispiele für die Ausgestaltung von Flächen im Vordergrund.

Flächen sollten nicht kompakt, Knötchen an Knötchen, gestickt werden, weil sie dann für den Betrachter langweilig wirken. Besser ist die aufgelockerte Gestaltung, wobei bei dem linken Bild Textilfarbe unterlegt wurde, die dann teilweise unbestickt bleibt. Bei dem rechten Bild ist eine Diagonalanordnung von hinten links bis vorne rechts zu erkennen.

Originalgröße

Ich stelle Ihnen nun das Motiv vor, das ich mit Ihnen in den nachfolgenden Abschnitten erarbeiten will und baue die einzelnen Phasen systematisch auf.

Vom Foto ausgehend, lege ich zunächst die Zeichnung an, die Sie leicht nacharbeiten können:

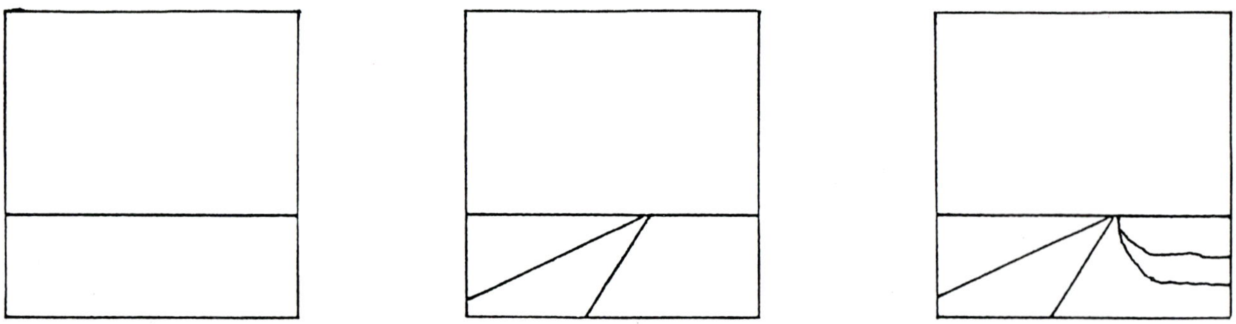

Zeichnen Sie ein 4 × 4 cm-Quadrat auf ein Blatt Papier mit dem waagerechten Horizont, von dem fast alle anderen Linien abgehen.

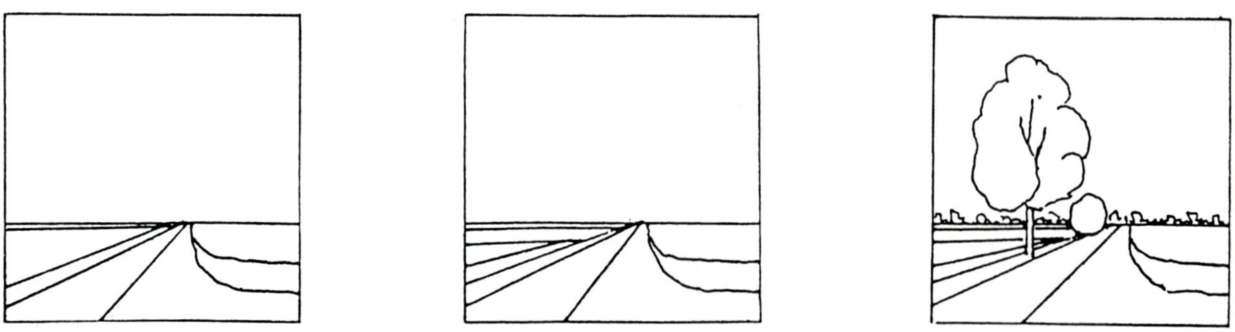

Haben Sie die perspektivischen Linien festgelegt, werden mit der freien Hand die Details eingetragen.

Die Werkskizze

Sie wird zusätzlich erforderlich, um Zeichen und Symbole, die Nummern der Garnfarben und die Markierung von Einfärbungen zu notieren.
Zeichnen Sie diese Skizze jedoch in einem größeren Format, damit die Eintragungen deutlich erkennbar sind; außerdem erleichtern Sie sich damit das spätere Anfertigen eines weiteren Bildes gleichen Motivs.
Ferner ist die Werkskizze hilfreich beim Erkennen der zuletzt gestickten Farbe, weil die Farbtöne der Garne häufig sehr dicht zusammenliegen und somit im gestickten Motiv nur schwer zu erkennen sind.
Eine Symbolschrift können Sie sich leicht selbst ausdenken; meine sieht so aus:

· Knötchen, 1 Faden
·· Knötchen, 2 Fäden
··· Knötchen, 3 Fäden

Spannstich
— waagerecht, 1 Faden
= waagerecht, 2 Fäden

Spannstich
I senkrecht, 1 Faden
II senkrecht, 2 Fäden

267 = Garn-Nummer
2/267 = 2 Fäden Nummer 267

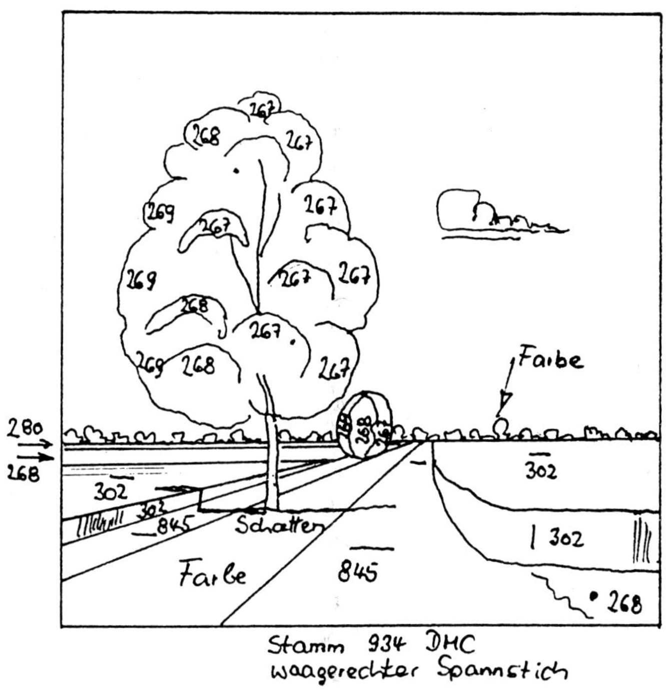

Einspannen des Gewebes und Übertragen des Motivs

Nun wird das Untergrundgewebe in den Stickrahmen eingespannt. Dabei sollten Sie beachten, daß

- das Gewebe eine starke Spannung erhält. Wie zuvor schon angesprochen, läßt es sich so beim Sticken der Knötchen besser arbeiten, und das Motiv wird sich kaum verziehen,
- der Stoff fadengerade eingespannt wird,
- der Schußfaden waagerecht verläuft, weil die farblich deutlichere Struktur später unter Umständen eine waagerechte Himmelszeichnung andeuten kann.

Auf den so eingespannten Stoff zeichnen Sie nun mit einem *sehr* spitzen Bleistift zunächst die untere Bildumrandung und den Horizont ein. Abbildung 1
Es sollte ein spitzer Bleistift sein, weil die Linien, die nachgestickt werden sollen, sehr dünn sein müssen, damit das Motiv übersichtlich bleibt.
Weil fehlgezeichnete Bleistiftstriche sich nicht mehr gänzlich vom Stoff entfernen lassen, sollte auf die Umrandung der oberen Bildhälfte verzichtet werden. (Durch das teilweise starke Anziehen der Knötchen kann das Bild trotz starker Spannung im Rahmen eine geringe, aber sichtbare „Taille" bekommen.) Abb. 2

Abbildung 1
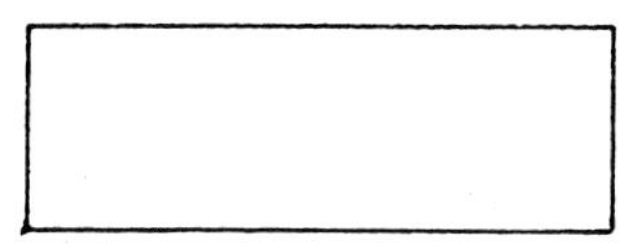

Abbildung 2

Das Einzeichnen kann bei dünnem Gewebe mittels Durchpausen der Papierskizze geschehen oder, wenn Sie es sich zutrauen, nochmals durch freies Übertragen vom Foto her.
Besonders hier auf dem Gewebe kommt es auf gerade Striche an, deshalb *muß* hier mit dem Lineal gezeichnet werden.

Sticken

Der Knötchenstich

Für meine Sticktechnik, dem Malen mit Nadel und Faden, verwende ich nur zwei Sticharten:
- das Knötchen
- den Spannstich

Diese reichen aber vollkommen aus, um Naturdarstellungen wiederzugeben. Da es in der Natur keine Linien und Konturen gibt, die absolut gerade verlaufen, arbeite ich in der Hauptsache mit dem Knötchen.
Mit dem Knötchenstich gebe ich die Form der Baumkrone und des Gebüsches wieder, aber auch den umgepflügten Acker, das Rapsfeld und die einzelne Blüte und erziele gleichzeitig durch seine plastische Gestalt eine Tiefenwirkung.
Die kleinen Miniaturbilder arbeite ich mit nur einem Faden in der Nadel. Bei den größeren Miniaturen erfolgt die Darstellung des Hintergrundes im Knötchenstich mit einem Faden, die des Vordergrundes zwei- oder dreifädig.
Verwende ich zwei oder drei Fäden, habe ich die Möglichkeit des Vermischens von Garnfarben; darauf gehe ich noch gesondert ein.
Üblicherweise wird beim Sticken der Faden um die Nadel gewickelt, wenn ein Knötchen entstehen soll. Ich habe eine andere Arbeitsweise entwickelt, die zwar bewegungsaufwendiger ist, dafür aber variabler:

Phase 1:
Faden von unten durch das Gewebe einstechen, dicht daneben (ein wenig mehr als die Nadelstärke) von oben wieder durch das Gewebe.
Es bleibt eine Schlinge stehen oder liegen.

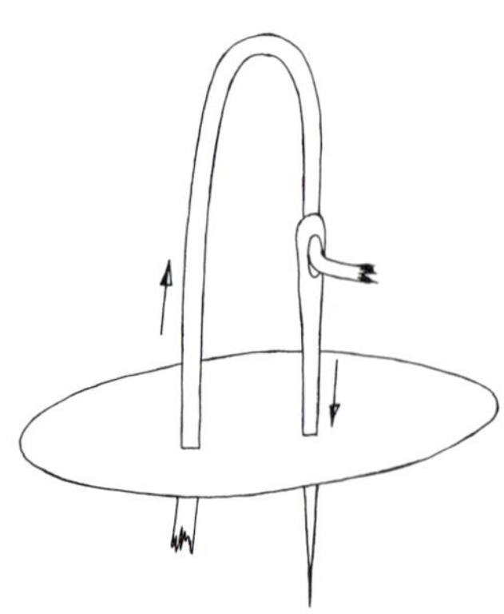

Phase 2:
Von unten, genau durch die Mitte von Ein- und Ausstich, wieder nach oben durchstechen.

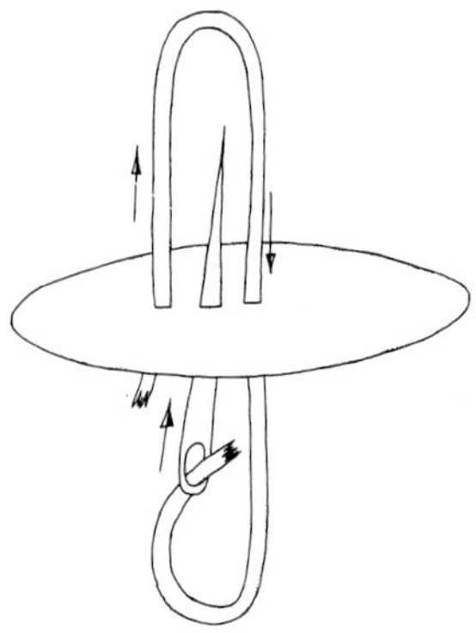

Phase 3:
Rückseitig der Schlinge den Faden weiter nach oben durchziehen, bis er unterhalb des Gewebes anliegt.

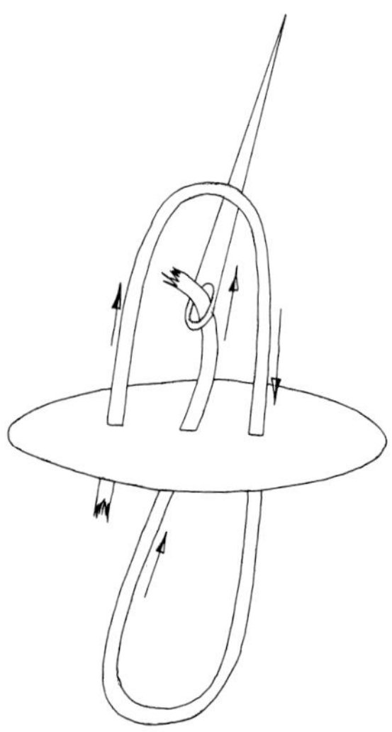

Phase 4:
Faden nach vorne führen, von vorne durch die Schlinge ziehen. Die Schlinge kreuzt sich.

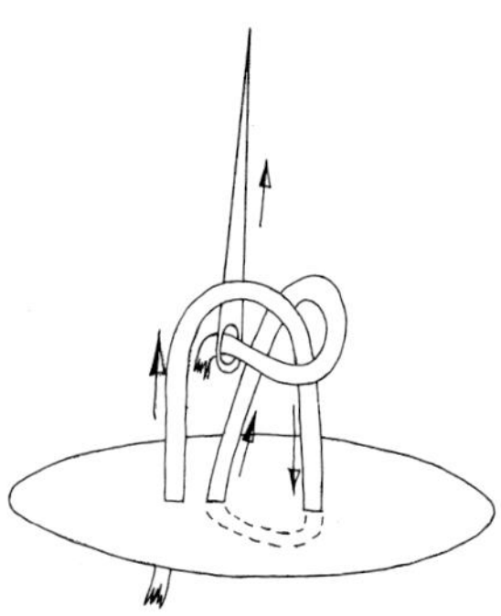

Phase 5:
Faden weiter nach oben ziehen, die gekreuzte Schlinge zieht sich zusammen.
Es bleibt der geknotete Faden auf dem Gewebe liegen.

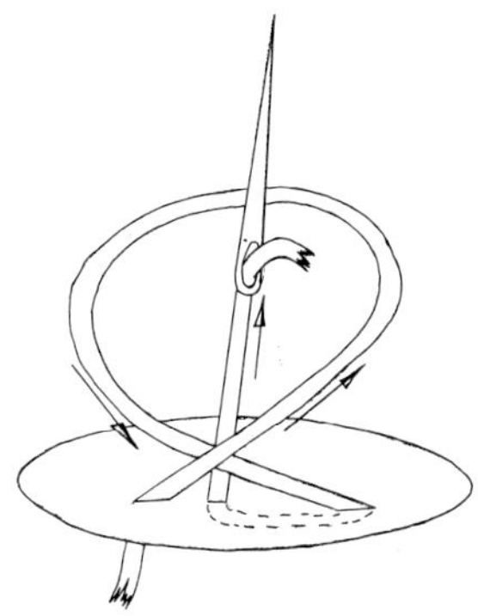

Phase 6:
Faden von oben-vorn durch das mittlere Einstichloch zurückstechen.

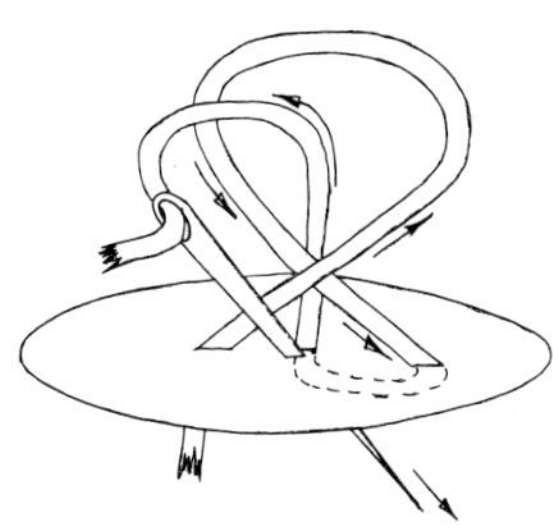

Phase 7:
Das entstandene Knötchen bleibt auf dem Gewebe liegen. Vorgang 1–7 wiederholt sich für die weiteren Knötchen, die dicht zusammen in die zu bestickende Fläche eingearbeitet werden.

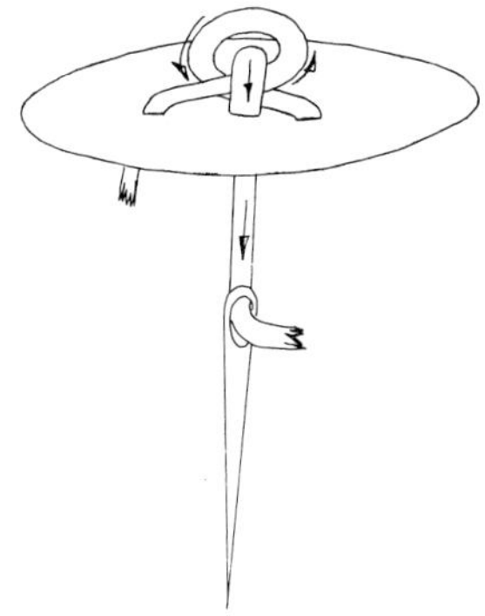

Das erste Knötchen muß rückseitig nicht (zum Beispiel durch Verknoten) gesichert werden. Das kurze Fadenstück verstickt sich meistens.
Nach dem letzten Knötchen vernähe ich den Faden rückseitig.

Auf das *gewickelte* Knötchen möchte ich hier nicht eingehen, es wird in den einschlägigen Stickheften beschrieben. Ich verwende es im Vordergrund zusätzlich, um Blüten darzustellen, die sich kompakt vom Untergrund abheben.

Der Spannstich

Den Spannstich verwende ich überall dort, wo scheinbar ebene Flächen zu erkennen sind, aber auch, um die sogenannte Horizontlinie darzustellen: Zum Beispiel der äußerste hintere Rand eines Feldes wird im waagerechten Spannstich gearbeitet.
Den senkrechten Spannstich setze ich ein, wenn Halme hervorgehoben werden sollen: Gräser im Vordergrund oder die Vorderseite eines Kornfeldes, auch bewaldete Höhenzüge im Hintergrund; aber stets nur ganz winzige Stiche.
Baumstämme können sowohl waagerecht als auch senkrecht gestickt werden. Es richtet sich überwiegend nach der Struktur der Rinde. Weil aber die meisten Baumarten eine verhältnismäßig glatte Rinde aufweisen und der Stamm optisch hinter dem Laubdach zurücktreten soll, verwende ich den waagerechten Spannstich. Bei Anwendung beider Sticharten kommt mir eine optische Täuschung zugute, die den senkrechten Stich bevorzugt, ihn plastischer hervortreten läßt:
Sticken Sie zur Probe ein Viereck, dessen Seitenlängen ungefähr 1 cm betragen; die senkrechten Spannfäden links und rechts treten deutlicher hervor, die waagerechten liegen zurück. Wenn Sie nun das Viereck drehen, werden die zuvor waagerechten Fäden zu senkrechten und treten ihrerseits hervor.

Aus dieser Erkenntnis ergibt sich, daß Flächen, die flach und eben wirken sollen, auch *nur* im waagerechten Spannstich gearbeitet werden dürfen; verläuft der Faden auch nur gering schräg, wird die gewünschte Flachwirkung nicht erreicht.

Abbildung rechts: Größe circa 9 × 6 cm
Berg und Feld im Vordergrund mit senkrechtem Spannstich

Abbildung links: Größe circa 13,5 × 10 cm
Gräser unterhalb des Baumes im senkrechten Spannstich

Die günstigste Wirkung erzielen Sie bei Anwendung beider Sticharten übereinander: Zunächst eine Fläche mit waagerechten Spannstichen ausfüllen und darüber die senkrechten Stiche sticken.
Aber auch auf dem bloßen Gewebe erscheint der senkrechte Spannstich plastischer als der waagerechte.

Den Anfang des waagerechten Spannstiches (der einfache gezogene Faden) lege ich auf dem Gewebe durch erneutes Durchstechen des bereits gezogenen Fadens fest, nicht etwa durch rückseitiges Verknoten.

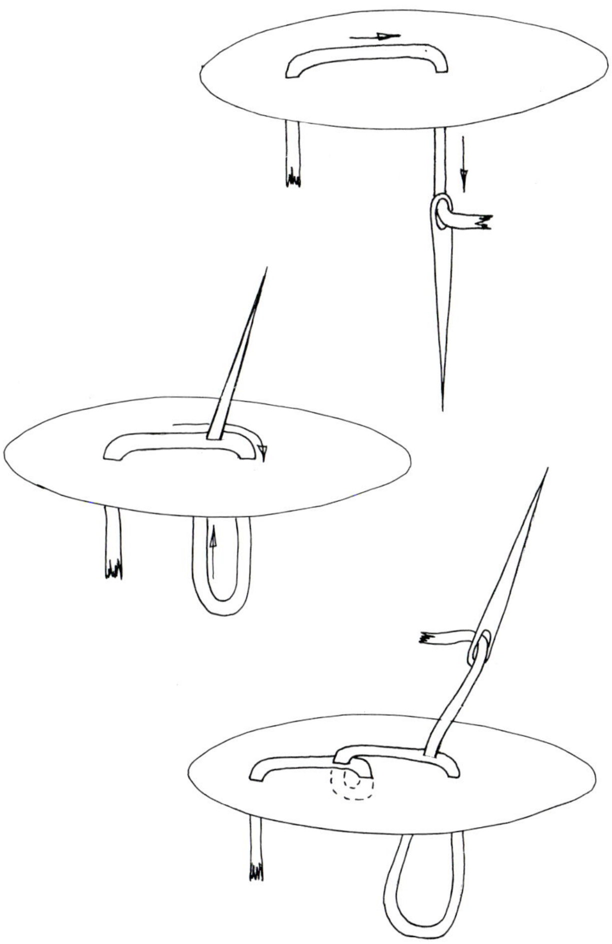

Auf diese Weise arbeite ich Reihe für Reihe die Stickfläche aus.
Den senkrechten Spannstich sichere ich durch nochmaliges Durchstechen des Anfangfadens, danach füge ich Stich für Stich unregelmäßig hoch nebeneinander.

Der Überfangstich

ist eine Abwandlung, beziehungsweise Erweiterung des Spannstiches. Ich verwende ihn meistens in waagerechter Richtung und will durch das Überfangen den Spannstich noch fester an das Untergrundgewebe binden.
Anwendungsmöglichkeiten wären da zum Beispiel die Hintergründe von Korn-, Raps- oder Rübenfelder, wenn die Oberfläche nicht glatt, sondern strukturiert erscheinen soll. In senkrechter Richtung sticke ich mit ihm dünne Äste oder langgezogene Halme im Vordergrund.

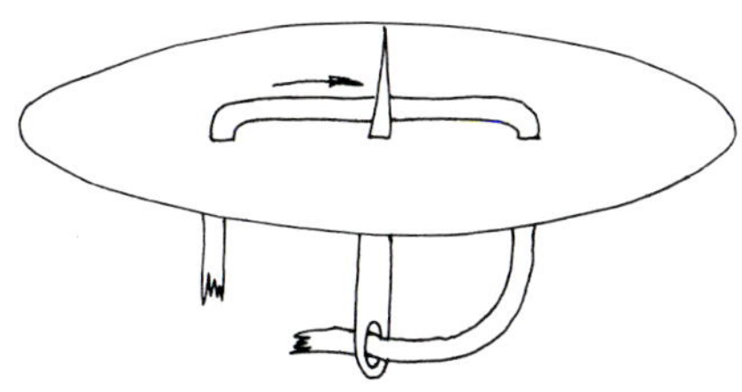

Die Nadel zwischen Ein- und Ausstich von unten ziemlich durch die Mitte nach oben ausstechen, den Faden überfangen und direkt dahinter wieder nach unten durch das Gewebe führen. Der Stich wird nach rechts oder links weitergeführt.

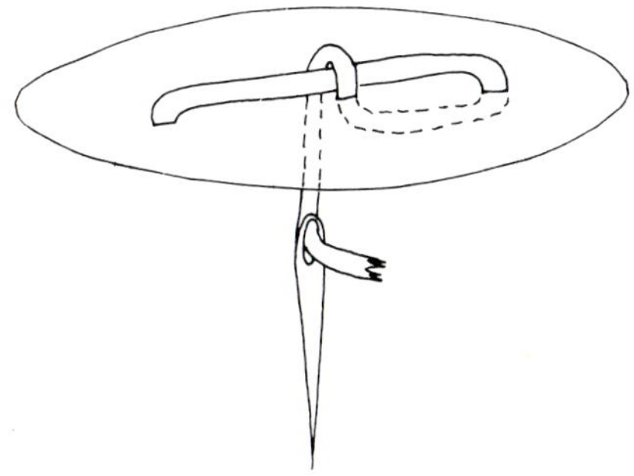

Der versetzte Überfangstich

Den Spannstich und den Überfangstich benutze ich also überwiegend, um Bodenflächen darzustellen.
Will ich Bäume und Büsche sticken, die sich im Mittelgrund befinden, soll einerseits die Struktur des Laubes noch erkennbar sein, sich andererseits aber auch ein geringerer Höhenunterschied von der Knötchenstickerei im Vordergrund abzeichnen.

Größe 4 × 4 cm

Linke Baumgruppe mit Überfangstich, rechte Baumgruppe mit versetztem Überfangstich

Deshalb habe ich den Überfangstich gering abgewandelt und führe die Nadel zwischen Ein- und Ausstich zwar durch die Mitte nach oben, aber ein wenig außerhalb versetzt, so daß der Faden auf dem Gewebe leicht gebogen liegenbleibt, wenn die Nadel nach Überstechen des Fadens durch das mittig versetzte Einstichloch zurückgeführt wird.
So wird Stich für Stich unregelmäßig die Fläche ausgearbeitet, bis sie vollkommen bedeckt ist.

Phase 1:
Faden von unten durch das Gewebe ziehen, seitlich dicht daneben zurückstechen (Ausstich), wieder von unten nach oben zwischen Ein- und Ausstich, aber gering nach außerhalb versetzt, durch das Gewebe stechen.

Der Anfangsfaden wird an der Rückseite nicht befestigt.

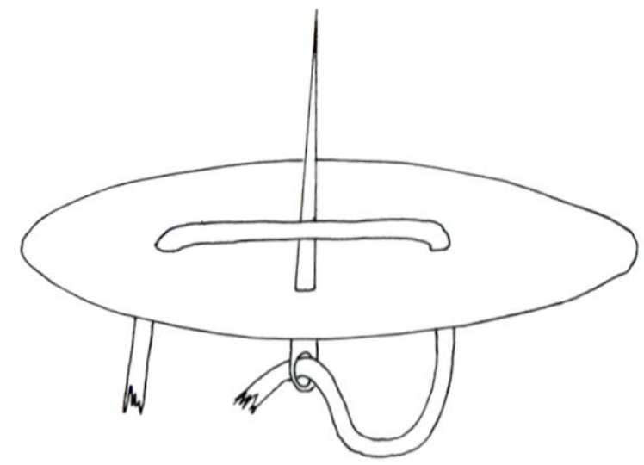

Phase 2:
Den Faden anziehen. Es bildet sich auf dem Stoff eine Krümmung oder ein leichter Winkel des oben liegenden Spannfadens.

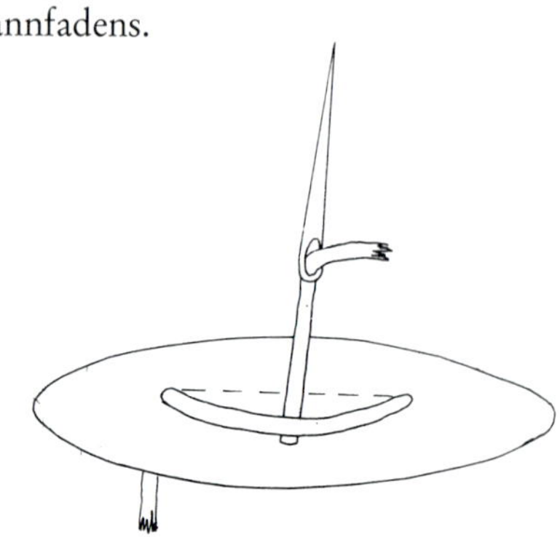

Phase 3:
Der auf dem Gewebe liegende, gebogene Spannfaden wird überstickt, die Nadel durch das mittig außerhalb versetzte Einstichloch zurückgeführt.

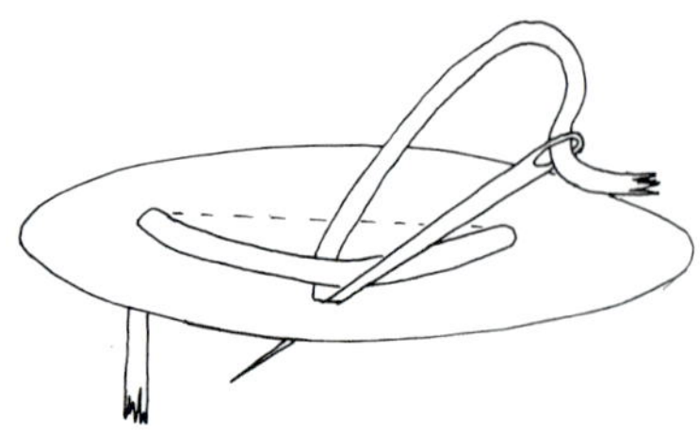

Phase 4:
Nach dem Übersticken wird der Faden angezogen, die Krümmung bleibt auf dem Stoff liegen.
Vorgang 1–4 wiederholt sich.

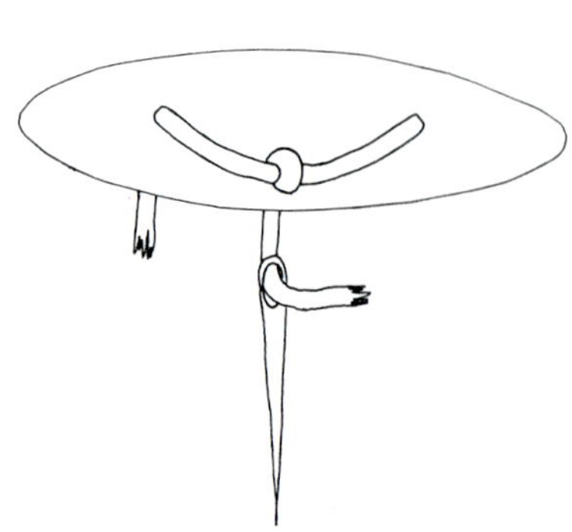

Größe ca. 10 × 15 cm

Größe ca. 14 × 10 cm

Fließender Farbübergang Hell-Dunkel durch Mischfäden in der Baumkrone des Baumes im Vordergrund.

Die Garnfarben und Farbgruppen

Für das Herstellen des im folgenden beschriebenen Miniaturbildes werden nur wenige Farben aus einem Sticktwistsortiment benötigt.
Sollten Sie Gefallen an dem Malen mit Nadel und Faden finden, läßt es sich jedoch nicht umgehen, daß Sie sich mit der entsprechenden Farbkarte beschäftigen, die Sie entweder vom Hersteller beziehen oder sich die Garn-Nummern im Handarbeitsgeschäft notieren.
In diesem Zusammenhang möchte ich darauf hinweisen, daß ich Garne der Firma MEZ verwende, damit es im Hinblick auf die später erwähnten Garn-Nummern und Farbgruppen nicht zu Irritationen führt. (Farbnummern anderer Hersteller führe ich gesondert auf).

Die Garnfarben sind in Farbgruppen eingeteilt. Da ich hauptsächlich mit der Farbe Grün arbeite, habe ich aus der Farbkarte die grünen Farbgruppen ausgesucht, die den Naturfarben am nächsten kommen:

Größe ca. 14 × 10 cm

- Grün/Oliv Nummer 278–281 und 924
- Grün/Blau Nummer 858–862

Die nächsten zwei Farbgruppen muß ich mit meinen Begriffen kennzeichnen, weil ich sie überwiegend jahreszeitbedingt einsetze und mich nach der entsprechenden Farbe auf dem Foto richte:
- Das verwaschene Sommergrün Nummer 843–846
- Das frische Frühlingsgrün Nummer 266–269.

Ich möchte betonen, daß es sich bei der Aufzählung und Verwendung der Farbgruppen und -nummern um mein persönliches Farbempfinden handelt. Von der Zusammenstellung kann, vielleicht sollte ich sagen, muß abgewichen werden, wenn experimentell gearbeitet wird. Verstehen Sie deshalb meine Beschreibung nur als einen Vorschlag.

Aus den Farbgruppen wähle ich meistens drei Farbtöne aus, um den Licht-Schatten-Effekt herauszuarbeiten:
Für die Lichtseite und die Stellen, die vom Licht beschienen werden, nehme ich den hellsten Farbton, für die Schattenseite den dunkelsten und für die Mitte den dazwischenliegenden.
Die Stiche mit den einzelnen Farben müssen ineinander übergehen, das heißt, ein Farbton darf nicht dort abrupt aufhören, wo der nächste beginnt. Das Ergebnis wäre eine Farblinie, die nicht natürlich wirkt.

Ebenfalls unnatürlich ist die Farbe Schwarz für das Umsetzen von Schattenwirkungen. Hier muß daher der dunkelste Farbton der entsprechenden Farbgruppe gewählt werden.
Auf unser Motiv auf Seite 17 bezogen heißt das, wenn der Schatten des Baumes auf die Farbe Gelb fällt, ergibt sich ein dunkler Braunton, bei Grün der dunkelste Grünton.
Bei größeren Stickbildern arbeite ich mit zwei oder drei Fäden in der Nadel und gestalte die Farbübergänge fließend, indem ich Fäden verschiedener Farbtöne einer Gruppe mische.
Diese Technik beschreibe ich in Abschnitt „Anleitungen für größere Bilder“.

Aussticken des Motivs

Ich möchte mit Ihnen zusammen nun das Miniaturstickbild anfertigen und beschreibe zunächst die Ausgangssituation:

- Das Gewebe ist „trommelfellähnlich" fest im Stickrahmen eingespannt.
- Das Landschaftsmotiv haben Sie mit Bleistift auf den Stoff aufgezeichnet.
- Die Garnfarben sind ausgewählt:

Nummer:	267/268/269 Grün
	280 Oliv, hell
	302 Gelb
	845 Grün
	382 Dunkelbraun
DMC-Garn:	934 Dunkelgrün
	333 Rot oder
	146 Blau
	358 Hellbraun

Beginnen Sie das Bild mit dem Baum im Vordergrund, und zwar aus folgendem Grund: Sollte sich der eingezeichnete Horizontstrich durch das starke Anziehen der Knötchen verschieben oder verziehen, kann später noch korrigiert werden. Dies ist nicht möglich, wenn die Hintergrundlinien ausgestickt oder ausgemalt sind.

Vom Baum sticken Sie zuerst den Stamm mit Nummer DMC 934 einfädig im waagerechten Spannstich, die Fäden dicht an dicht, so daß der Stoff an dieser Stelle vollkommen bedeckt wird. (Befestigung des Anfangsfadens durch erneutes Durchstechen des bereits gezogenen Stiches.)
Die Farbe 934 entspricht am ehesten der Farbe von Baumstämmen im Schatten ihres Laubes. (Die Rinde der Baumstämme ist selten braun, eher grau bis grün. Ausnahme sind Nadelbäume, namentlich die Kiefer, deren Stämme, Äste und Zweige besonders im oberen Bereich ein helles Braun aufweisen.)

Wo der Stamm im Laub verschwindet, ziehen Sie entlang der vorgezeichneten Linien senkrechte Spannstiche oder Überfangstiche.

Die senkrechten Spannstiche in der Baumkrone werden später wieder teilweise überstickt.

Anschließend arbeiten Sie einfädige Knötchen mit Garn-Nummer 267 an der Lichtseite der Baumkrone, also rechts. Sticken Sie die Knötchen nicht zu dicht aneinander, sonst entsteht eine durchgehende Linie, die nicht erwünscht ist, weil gerade der äußere Rand der Baumkrone aufgelockert und durchlässig erscheint. (Der Anfangsfaden muß rückseitig nicht befestigt werden, weil der Knoten sich auf der Vorderseite befindet.)

Außerdem besteht die Möglichkeit andersfarbige Knötchen dazwischenzusetzen. Die Knötchen abwechselnd stark anziehen und weniger fest angezogen auf dem Stoff liegenlassen.

Nummer 267 verwenden Sie auch zum Aussticken der halbrunden Konturen in der Mitte der Baumkrone. (Es handelt sich hierbei um Zweige, die zum Betrachter hin sich vom Umriß des Baumes abheben und von der Sonne beschienen werden.)

Nun wechseln Sie den Farbton und sticken mit Nummer 268 zur Mitte hin weiter Knötchen und „wandern“ mit diesen über den Stoff bis zur linken Seite, die mit Nummer 269 als Schattenseite, ebenso unregelmäßig wie rechts, bestickt wird.

Ist die gesamte Laubfläche derart bestickt, daß überall noch das Gewebe durchscheint, werden kleinere Flächen des Laubes schwerpunktmäßig mit Knötchen *dicht* besetzt.

Erst wenn die gesamte Fläche derart bestickt worden ist, kann übersehen werden, wo eventuell noch Farbtupfer fehlen, damit die Darstellung natürlich wirkt.

Als nächstes füllen Sie die Fläche des Busches im Hintergrund mit dem versetzten Überfangstich aus; zwischen Ein- und Ausstich besteht nur eine winzige Spanne. Weil die Fäden hierbei flach auf dem Stoff liegenbleiben, ergibt sich ein geringer Höhenunterschied zum Laub des Baumes im Vordergrund. Auch den Busch arbeiten Sie im Wechsel mit den drei vorgenannten Farbtönen.
Nun wird die Stickerei kurz unterbrochen und mit Textilfarbe die dunkle Buschreihe (Blau und Braun mischen) im Hintergrund eingetupft.

Nachdem nun die Stiche ausgeführt sind, die das Motiv hätten verziehen können, fangen Sie hinten links an, mit Garn-Nummer 280 einen Faden im Spannstich bis zum Busch zu ziehen. Ihn müssen Sie rückseitig vernähen.

Wieder links beginnend, geht es weiter mit Garn-Nummer 268. Nun wird das grüne Feld gestickt. Man nimmt den Spannstich wie zuvor, arbeitet damit aber zwei bis drei Reihen.

Es schließt sich zum Vordergrund hin das Kornfeld an. Die Oberfläche, auf der Abbildung als Winkel zu erkennen, wird mit Garn-Nummer 302 im ebenfalls waagerechten Spannstich ausgeführt. Den Schattenstreifen können Sie mit Nummer 382 zwischen die bereits vorhandenen Stiche sticken.

Die Vorderseite des Feldes muß mit senkrechten Stichen, kurzer Spannstich dicht an dicht, gearbeitet werden, weil dadurch sich die Wirkung aufrecht stehender Halme ergibt.
Ergänzt wird Nummer 302 durch Nummer 845, die in die senkrechte Stickreihe zusätzlich, aber nur vereinzelt, eingesetzt wird. (Nach Möglichkeit sollte eine Garnfarbe nie für sich allein stehen, sondern mit anderen Farbtönen bereichert werden.)
Nummer 845 soll die hochstehenden Gräser zwischen den Kornhalmen andeuten.

Den Abschluß der linken Bildseite bildet der Grasrand links des Weges. Auch hier kurze, waagerechte Spannstiche mit Garn-Nummer 845, kurz unterbrochen in der Höhe des Baumes, mit DMC-Garn Nummer 934 als Schattenwurf.

Der Weg bleibt zunächst unberücksichtigt, weil ich vorhabe, hier Textilfarbe einzusetzen. Sie können ihn natürlich auch aussticken. Als Farbton käme hier möglicherweise Nummer 856 (Graubraun) oder Nummer 899 (Beigegrau) in Betracht. Wenn Sie den Weg aussticken, verzichten Sie jedoch auf den geringen Höhenunterschied zwischen seitlichem Grasbewuchs und Gewebeoberfläche.
Sie setzen die Arbeit fort mit der rechten Bildseite und sticken, ebenfalls im waagerechten Spannstich, von hinten nach vorn die Feldoberfläche, im Anschluß daran die senkrechten Halme, diese aber im senkrechten Spannstich. Ergänzend fügen Sie braune Stiche mit ein, etwa Nummer 358, die die dunklen Stellen im Feldrand wiedergeben sollen. Zusätzlich können Sie noch als besondere Farbpunkte rote oder blaue Knötchen einsetzen: für Mohn die Nummer 333 oder für Kornblumen die Nummer 146.

Nachdem die Fläche rechts des Weges mit Garn-Nummer 845 im waagerechten Spannstich ausgefüllt ist, beenden Sie Ihr erstes Miniaturstickbild mit Knötchen, Garn-Nummer 268. Sie stellen damit das Rübenkraut im rechten Vordergrund dar. Die Knötchen unmittelbar an der unteren Bildkante können auch mit zwei Fäden ausgeführt werden.
Das Wölkchen kann gestickt, aber auch mit Textilfarbe gemalt werden, auf die ich im folgenden Abschnitt eingehe.
Wolken sind dann zweckmäßig, wenn bei einem Motiv die Himmelsfläche sehr groß ist. Wölkchen lockern die Fläche auf und betonen die Weite des Himmels.

Das fertige Stickbild stark vergrößert.
Original circa 4 × 4 cm

Voll ausgestickte Bildfläche circa 13,5 × 9,5 cm

Das Arbeiten mit Textilfarbe

Ursprünglich war beim Gestalten meiner Bilder die Textilfarbe nur ein Hilfsmittel. Weil das helle Gewebe nicht durch die Stickerei schimmern sollte, färbte ich die entsprechenden Flächen ein und überstickte sie dann.

Damals stickte ich alle Flächen vollkommen aus.

Erst nach und nach stellte ich fest, daß die bestickten Flächen sich deutlich plastischer vom Stoff abhoben, wenn sie neben einer bemalten Fläche lagen.

Von nun an setzte ich die Textilfarbe gezielt in Flächen ein, die weit im Hintergrund liegen, optisch tiefer angeordnet sind (Wege, Gewässer, Erdboden) oder nach hinten versetzt sind (Mauern).

Mit Textilfarbe kann ein Gewebe genauso gestaltet werden wie Papier mit herkömmlicher Farbe. Sie sollte jedoch nicht zu dickflüssig aufgetragen werden, weil dann das Gewebe durchtränkt wird und sich dadurch etwas verhärtet. Wenn dann der vorgefärbte Stoff stellenweise wieder überstickt wird, gleitet die Nadel nicht so gut.

Beim Malen mit Textilfarbe sind die Grundsätze die gleichen wie beim Malen auf Papier, sowohl beim Mischen, aber auch beim Auftragen der Farbe: zunächst die hellsten Farbtöne ausarbeiten und dann zu den dunklen malen. Helle Farben können nachgedunkelt werden, dunkle aber nicht aufgehellt.

Ist trotzdem eine Fläche zu dunkel geraten, gibt es nur die Möglichkeit, sie mit Weiß aufzuhellen oder zu

Größe ca. 13,5 × 9,5 cm Bildfläche nur zum Teil ausgestickt

überdecken. Dies ist kein Widerspruch zu dem bisher Beschriebenen, denn Weiß und Schwarz sind für mich keine Farben, allenfalls Hilfsmittel zum Abtönen anderer Farben.

Zum Auftragen der Farben benutze ich Pinsel mit synthetischen Borsten, weil sie fester sind als zum Beispiel Aquarellpinsel und die unverdünnte Farbe besser verteilen. Zudem sind sie billiger.

Meine Textilfarbe (DEKA-Permanent) ist licht- und farbecht. Hin und wieder wasche ich meine fertige Stickerei aus, wenn noch Bleistiftstriche den Himmelsbereich verunzieren, die ich beim Sticken übersehen habe.

Die Farben können mit dem Pinsel gestrichen oder getupft werden, das richtet sich ganz nach der Art der Darstellung. Farben können vor, aber auch während des Stickens eingesetzt werden. Nachträgliches Bemalen des Stickbildes muß sorgfältig gehandhabt werden, weil die Gefahr besteht, daß die Farbe die Stickerei berührt. Es sei denn, Sie wünschen eine solche Berührung. Ich bin aber der Ansicht, daß in der freien Stickerei alles erlaubt ist, was dazu beiträgt, die Wirkung des Bildes zu erhöhen. Aus diesem Grunde tupfe ich auch Farbe auf die Stickerei. (Bei 4 × 4-cm-Format-Miniaturen, wenn zum Beispiel helle Birkenstämme die typischen dunklen Einfärbungen erhalten sollen.)

Bei unserem gemeinsam erarbeiteten Bild trage ich die Farbe des Weges ganz zum Schluß auf, weil wir sonst auf dem vorgefärbten Untergrund die zu bestickende Bleistiftlinie nicht mehr erkennen würden, insbesondere dort, wo sich Weg und nebenliegender Bewuchs in der Ferne verlieren.

Das Rahmen

Material

- ein Bilderrahmen, Größe 7 × 7 cm (an der rückseitigen Einpassung)
- weiße Zeichenpappe, circa 7 × 7 cm oder gering kleiner, 1 mm stark
- gewöhnliche feste Pappe für das Passepartout, circa 7 × 7 cm, circa 1 mm stark
- Stoff zum Bekleben des Passepartouts, zum Beispiel Leinen, Halbleinen oder Leinen-Synthetikgemisch, gewebt in Leinenbindung
- gewöhnliche feste Pappe als rückseitige Abdeckung nach Abmessung des Rahmens
- Klebestift
- Nahtroller (Tapezierutensil) oder ähnliches
- Zeichenmesser
- Metallineal oder ein anderes flaches Metallstück.

Durchführung

Das bestickte Gewebestück nehmen Sie nun aus dem Stickrahmen. Rückseitig überstehende Fadenenden und Fussel müssen unbedingt abgeschnitten werden, weil sie häufig über die Umrisse des Motivs hinausragen und sich beim Aufkleben des Stoffes auf die weiße Pappe entweder durchdrücken oder als dunkle Fleckchen an der Vorderseite durchscheinen (insbesondere im Himmelbereich) und so die Konturen verwischen.

Mit dem Zeichenmesser und Metallineal schneiden Sie die weiße Pappe auf Maß (7 × 7 cm) zu und streichen sie gleichmäßig mit dem Klebestift ein. Jetzt legen Sie das bestickte Gewebestück mittig auf die Pappe, drücken es leicht an und rollen es mit dem Nahtroller über, so daß es überall fest anliegt.

Sie nehmen nun einen flachen Metallgegenstand mit abgerundeter Spitze (kann auch aus Kunststoff sein), etwa eine Stricknadel oder Brieföffner, und drücken die Konturlinien fest, wo Himmel und Stickerei zusammentreffen. Diese Handhabung bewirkt, daß die bestickten Flächen noch stärker hervortreten.

Den überhängenden Stoff können Sie entweder abschneiden oder nach hinten umlegen und ankleben. Anschließend stellen Sie das genaue Seitenmaß der

Passepartoutstoff.
Muster für Gewebedichte in Leinenbindung.
Gewebe ist nicht fadengerade.

Stickerei fest; es kann nämlich durchaus sein, daß sich das Gewebe während des Stickens leicht eingezogen hat, so daß von den ursprünglichen 40 mm nur noch 39 mm geblieben sind.
Das ermittelte Maß übertragen Sie auf die Passepartout-Pappe und schneiden das ausgemessene viereckige Mittelstück mit dem Zeichenmesser und Metallineal aus.
Mit dem Klebestift streichen Sie die Passepartout-Pappe ein und legen das (Leinen-)Gewebestück auf, wobei Kette und Schuß fadengerade verlaufen sollten.
Mit dem Nahtroller festrollen und das Mittelstück des Gewebes so ausschneiden, daß an allen vier Seiten ein Rand zum Umlegen bleibt.
Diesen Rand zur Rückseite hin umlegen und festkleben.
Nun wird das Passepartout und Stickbild in den Rahmen eingelegt und die ausgemessene Abdeckpappe in den Rahmen eingedrückt.

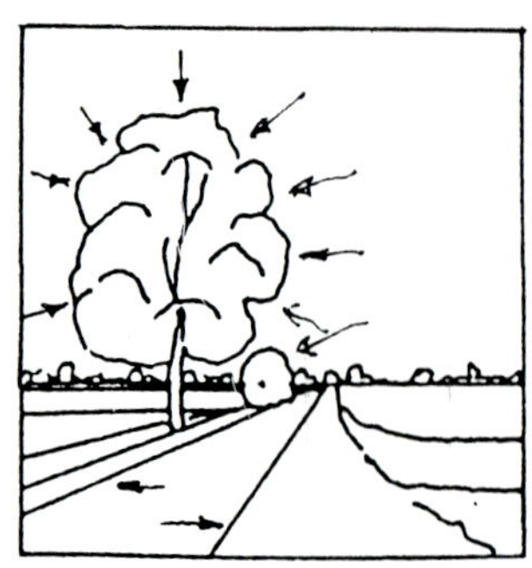

Damit haben Sie Ihre erste Landschaftsminiatur endgültig fertiggestellt, und ich freue mich mit Ihnen, wie gut es Ihnen gelungen ist.
Und weil sich so ein kleines Bild an Ihrer Wand verliert und nicht so richtig zur Geltung kommt, machen Sie sich bestimmt gleich an das nächste.
Sehr viel Spaß beim Malen mit Nadel und Faden.

Größe der unten abgebildeten Stickereien ca. 4 × 4 cm

Was tun mit den Restfäden?

Ich hebe alle Restfäden, die länger als 10 cm sind, auf, sortiere bestimmte Farben und Farbtöne und verarbeite sie in winzigen Stickereien. Diese sind schnell hergestellt und eignen sich als „Mitbringsel" bei Besuchen oder aber auch als kleine Geschenke.

Hier einige Beispiele:

Anleitungen für Miniaturbilder

Motiv 1

Buschreihe und Rapsfeld mit Textilfarbe einfärben, leicht angedeutet auch hinter dem Busch. Mischvorschlag: Grün/Gelb/Braun. Untere Partie der Büsche: Blau/Braun.
Rapsfeld: Gelb mit Weiß aufgehellt.

Busch rechts beginnen mit Knötchen einfädig, Nummer 267. Übergang mit Nummer 268, links Mitte Nummer 269; links unten DMC-Garn Nummer 934. Über der hellen Stelle in der Buschmitte Nummer 269.

Kurze, senkrechte Spannstiche unregelmäßig in das Rapsfeld einsticken mit Nummer 268 bis zum Schilfbeginn.

Das Schilf mit Nummer 301 bis zum rechten Bildrand. Die Schilfstiche ragen rechts in die Buschreihe aus Textilfarbe.

Mit Nummer 268 kurze Spannstiche in die Unterseite des Schilfs, Übergang auf Nummer 269 bis zur rechten Bildseite. Mit Nummer 267 ab der linken Buschseite kurze Spannstiche in die 268er-Reihe unregelmäßig hoch einsticken.

Mit Textilfarbe Blau/Braun die untere Seite der bisherigen Spannstiche auf dem Stoff einfärben.

Links beginnend, mit Nummer 845 etwas längere Spannstiche unregelmäßig lang in die bisherige Spannstichreihe einarbeiten; die dunkle Textilfarbe kann teilweise überstickt werden.

Mit 267 links beginnend, noch längere unregelmäßige Spannstiche in die Vorreihe sticken. Diese Stiche müssen nicht dicht an dicht gestickt werden, denn nun mit Nummer 268 von der unteren Bildkante lange, unregelmäßige Spannstiche arbeiten, teils in Nummer 267, teils auch in Nummer 845.

Wieder links beginnend, vereinzelt lange Spannstiche mit Nummer 269.

Blüten: 118 oder 119, im Vordergrund gewickelte Knötchen, weiter hinten Knötchen nach Vorlage.

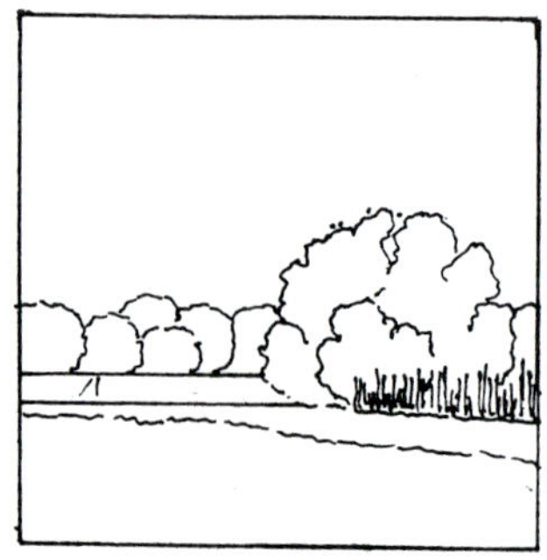

Garn-Nummern:
MEZ 267/268/269
301/845
118 oder 119
DMC 934

Größe ca. 4 × 4 cm

Motiv 2

Linker Baum, linke Seite und Wölbung in der Baummitte, Knötchen einfädig mit Nummer 281. Übergang nach rechts mit Nummer 268, über der Wölbung Nummer 269. Rechte Seite, linker Baum Nummer 269.

Die Baumstämme mit DMC Nummer 934 in kurzen, waagerechten Spannstichen.

Rechter Baum, linke Seite und Wölbungen, Knötchen mit Nummer 280. Übergang nach rechts mit Nummer 267, weiter zur Baummitte mit 268. Äußere rechte Seite unten mit Nummer 269. Nummer 281 kann vereinzelt unterhalb Nummer 280 eingestickt werden.

Mittlerer Baum mit versetzten Überfangstichen lichtdurchlässig sticken: Von oben beginnend mit 280, dann 281, 268 und 269.

Wenn durch das Sticken der Knötchen die Horizontlinie verzogen ist, durch geraden Bleistiftstrich erneuern.

Oberhalb des Striches mit Textilfarbe eintupfen, entweder Grün oder Gemisch Blau/Braun. Unterhalb des Striches mit Gelb, ins Braun übergehend.

Grasrand unterhalb der Bäume: Links mit kurzen, senkrechten Spannstichen Nummer 267. Unterhalb der Laubkrone das Gras im Schatten mit Nummer 934 DMC. Vom rechten Baumstamm an wieder mit Nummer 267. Sämtliche Stiche unregelmäßig in die Textilfarbe einsticken.

Den Ackerboden mit Textilfarbe bemalen: Braun pur oder mit Blau gemischt.

Links beginnend, zunächst mit Nummer 845 von der Farbe her kurze Spannstiche in die 267er-Stiche arbeiten. Weiter mit Nummer 301 das helle Gras sticken; zunächst kurze, dann längere unregelmäßige Spannstiche in die grüne Stichreihe.

Erneut mit Nummer 845 kurze Spannstiche in das helle Gras.

Größe ca. 4 × 4 cm

Garn-Nummern:
MEZ 267/268/269
280/281
845/301

DMC 934

Motiv 3

Mit Textilfarbe Gelb, mit Weiß leicht aufgehellt, linke Fläche bemalen. Die Farbe kann bis in den Busch reichen, so daß sie später durch die Stickerei schimmert. Auf der rechten Seite den Grünstreifen malen.

Busch rechte Seite und erkennbare Wölbungen mit Nummer 267 einfädige Knötchen. Oberhalb der Wölbungen mit Nummer 269 einfädige Knötchen, besser aber versetzte Überfangstiche. Mittelteil des Busches mit 268, Unterteil mit Nummer 269.

Grashalme: Links beginnend, kurze senkrechte Spannstiche (Nr. 267), die unregelmäßig ins Gelb ragen.

Die Ackerfläche in Blau/Braun-Mischung (Braun soll gering überwiegen) bemalen. Der Stoff kann stellenweise durchscheinen.

Grashalme zweite Reihe links beginnend, mit Nummer 268 etwas längere Spannstiche, die senkrecht unregelmäßig in Nummer 267 eingestochen werden.

Rechts ragen die 268er-Spannstiche in die bemalte Ackerfläche.

Grashalme dritte Reihe links beginnend, mit Nummer 269 etwas längere senkrechte Spannstiche, die in Nummer 268 unregelmäßig hineinragen.

Grashalme vierte Reihe links beginnend vom unteren Rand her lange senkrechte Spannstiche mit Nummer 267 unregelmäßig in Nummer 269 einstechen.

Mit Nummer 268 die vierte Reihe nochmals durchsticken, wobei die Stiche aufgelockert in und über Nummer 267 eingestochen werden.

Am rechten unteren Rand ragen die 268er-Stiche in die Ackerfläche.

Mit Nummer 333 hinten links beginnend, winzige Mohn-Knötchen zu arbeiten, die teilweise auch in den Busch eingestickt werden. Zum Vordergrund hin gewickelte Knötchen.

Mit Textilfarbe Blau/Braun die Büsche am Horizont eintupfen.

Größe ca. 4 × 4 cm

Garn-Nummern:
MEZ 267/268/269
333

Größe ca. 4 × 4 cm

Motiv 4

Einfärben der Mauer in der Farbmischung Rot, gering Gelb, etwas Braun. Die Steine sind einzeln eingemalt, als Fugen schimmert der unbehandelte Stoff durch. Baum und Erdbodenfläche malen.

Fliederbusch: Einfädige Knötchen mit Nummer 100, vereinzelt dazwischen mit dem etwas helleren Garn Nummer 99.

Mit Nummer 268 das Laub des Busches gestalten. Grashalme vor der Mauer mit Nummer 268. Kurze, senkrechte Spannstiche.

Blumen im Vordergrund: Lange, senkrechte Spannstiche mit Nummer 268; danach darüber und dazwischen Spannstiche mit Nummer 269.

Garn-Nummern
MEZ 99/100 Flieder
268/269
291/400

Die Blüten mit Nummer 291 entweder einfädige Knötchen oder gewickelte Knötchen.

Mit Nummer 400 Gestaltung der Mauerabdeckung in kurzen, senkrechten Spannstichen, dicht an dicht.

Anleitungen für größere Bilder

Im nun folgenden Abschnitt möchte ich das Gestalten größerer Landschaftsminiaturen beschreiben, wobei in der Vorbereitungsphase im Prinzip die gleichen Arbeitsabläufe stattfinden, wie im vorangegangenen Kapitel beschrieben.

Mit dem Begriff „größere Miniaturen" bezeichne ich alle Formate, die von einem nicht der Norm entsprechenden Rahmen umgeben sind: erst wenn Bild und Passepartout fertig sind, lasse ich die Längen der Rahmenleiste zuschneiden. So wird zum Beispiel das Bild auf Seite 10 von einem 32 × 24 cm großen Passepartout und entsprechendem Rahmen umgeben.

Meiner Meinung nach sind die ausgewogensten Formate oval, entweder flach oder senkrecht aufgehängt. Aber auch rechteckige Formate wirken. Selten verwende ich runde oder viereckige Formate.

Die Idealmaße von Ovalen oder Rechtecken entnehme ich handelsüblichen Passepartoutkarten.
Das Passepartout vor dem Stickbild stelle ich selbst her; darauf gehe ich noch gesondert ein.
Nach der Größe des Bildformates richtet sich auch wieder die Größe des Stickrahmens. Ich verwende für die Bildformate 9 × 13 cm, 10 × 15 cm und 13 × 18 cm die Stickrahmengröße 21,5 cm.

Auch bei den Nadeln wird das Sortiment erweitert: Um zwei Fäden gleichzeitig zu versticken, benutze ich die Nadelstärke Nummer 5 halblang, weil das Öhr größer ist. Für drei Fäden nehme ich eine spitze Sticknadel mit länglichem Öhr.

Ich stelle Ihnen nun ein Motiv im Format 7 × 10 cm vor und beschreibe auf den folgenden Seiten den Arbeitsablauf.

Das Birkenmotiv habe ich bewußt oval/senkrecht gestaltet, weil es meiner Meinung nach gefälliger aussieht, als oval/waagerecht wie auf dem Foto.

Ich möchte Ihnen aber nicht meine Ästhetik aufdrängen und stelle das Motiv auch rechteckig/hochkant vor.

Jeder Baum hat seine eigene Charakteristik, und so fällt bei Birken besonders auf, daß die äußeren überhängenden Zweige, sanft gebogen, den Umriß der Baumkrone überragen.

Das vorliegende Baummotiv habe ich in der Skizze stark vereinfacht und in einzelne Laubfelder aufgeteilt, die sich stellenweise überschneiden. Einige Felder sind kompakter als andere, deshalb betone ich die unterschiedlich starken Felder durch die Anzahl der Fäden in der Nadel und markiere sie auf der Skizze wie folgt:

· = 1 Faden
·· = 2 Fäden
··· = 3 Fäden

Bevor ich aber mit Ihnen zusammen das Motiv aussticke, will ich zunächst Grundsätzliches zum Mischen mit farbigen Fäden ansprechen.

Das Mischen mit farbigen Fäden

Den nachfolgenden Abschnitt muß ich zum besseren Verständnis etwas genauer erläutern, weil er einfache Grundsätze der Malerei berührt und Voraussetzung dafür ist, daß farblich naturgetreue Darstellungen gestaltet werden können.

Meine Sticktechnik wirkt in erster Linie durch das Spiel der Farben und deshalb sollte eine Stickfläche nicht nur mit einem Farbton gestaltet, sondern nach Möglichkeit mit anderen abgesetzt werden.
Alles, was uns umgibt, wird durch den Licht-Schatten-Effekt oder auch durch die Hell-Dunkel-Wirkung farblich verändert. Bezogen auf eine Landschaft spielt zwar die Sonneneinwirkung und der damit verbundene Schatten die Hauptrolle bei der Farbgestaltung, die Hell-Dunkel-Wirkung entsteht aber an Gewächsen auch durch frisch nachwachsendes Grün, das im Gegensatz zum alten Laub heller aussieht. Außerdem entsteht die Hell-Dunkel-Wirkung durch die Art des Wachstums: Das Laub eines Zweiges, der weit über die Konturen des Baumes hinausragt, wirkt heller als dort, wo der Zweig mit dem Stamm verbunden ist (auch ohne Sonneneinwirkung).
Soll also eine natürlich wirkende Landschaft gestickt werden, muß man diese Gegebenheiten berücksichtigen. Um meine weitere Beschreibung zu verdeutlichen, habe ich eine Skizze mit drei Bäumen angelegt.

Lichtseite

Es gibt einen Hintergrund, einen Mittelgrund und einen Vordergrund, und ich möchte damit die farbliche Abstufung demonstrieren.

Grundsätzlich beginne ich mit dem Hintergrund, weil der kleinste Stickstich nicht noch kleiner gearbeitet werden kann als mit einem Faden, der große Stickstich im Vordergrund jedoch durch Hinzunahme weiterer Fäden vergrößert werden könnte.
Bitte beachten Sie:
Gestaltung der Lichtseite mit Nr. 267. Baum im Hintergrund mit versetztem Überfangstich. Baum im Mittelgrund mit einfädigen Knötchen. Baum im Vordergrund mit zweifädigen Knötchen. Die Abb. zeigt 2/267. Die Spitze mit 1 Faden 267.
Wie in der Malerei arbeite ich von der hellen Seite zur dunklen hin und verwende den versetzten Überfangstich, denn er ist der flachste Stich, der gleichzeitig die Laubstruktur wiedergibt.

Mit einem Faden ist Mischen nicht möglich, aber auch nicht erforderlich (stufenlose Farbübergänge sind in der Ferne nicht zu erkennen, man sieht nur die Hell-Dunkel-Abstufung). Und so sticke ich drei Farbtöne meiner Farbgruppe nebeneinander, aber so, daß sie unregelmäßig ineinanderfassen. Das Halbrund der Lichtseite sticke ich mit dem hellsten Farbton und setze gleichzeitig einige verstreute Stiche in die danebenliegende Fläche, die dem mittleren Farbton vorbehalten ist (Nummer 268). Mit dem mittleren Farbton tupfe ich einige Pünktchen in den dunklen Bereich (269). Hierbei genügen Ein- und Ausstiche, das Überfangen des Fadens ist nicht erforderlich.

Das gleiche Verfahren wende ich zur Farbgebung beim mittleren Baum an, nur verwende ich hier den Knötchenstich mit einem Faden, weil er sich in der Höhe deutlich vom Hintergrund abheben soll (Höhe des Knotens auf dem Gewebe).

Sollten nach dem Gesamteindruck die drei Farbtöne nach Fertigstellung noch zu stark voneinander abgegrenzt sein, ergänze ich wieder in die entsprechende Farbfläche Knötchen des nebenliegenden Farbtons.

Mit dem dritten Baum im Vordergrund beginnt das Mischen. Er soll sich ja noch deutlicher auf dem Gewebe abheben, deshalb nehme ich zwei Fäden. Wegen des kleinen Bildformates reichen zwei Fäden aus; Knötchen mit drei Fäden würden zu kompakt wirken. Ich setze sie bei meinen größeren Miniaturen ein. Diese haben das Format einer Ansichtskarte, und ich erziele dadurch eine bessere Tiefenwirkung zum Hintergrund hin.

Mit zwei oder drei Fäden in der Nadel gestalte ich sowohl Knötchen als auch Spannstiche. Die Knötchen gehen im Laub der Bäume und Büsche auf. Mit dem waagerechten Spannstich lege ich ebene Flächen an, mit dem diagonalen Spannstich schaffe ich eine Böschung, und der senkrechte Spannstich bleibt den Halmen von Gräsern und Blumen vorbehalten.

Zur Farbgestaltung des vorderen Baumes beginne ich zweifädig mit dem hellsten Garn (267) und sticke den äußersten Rand der Lichtseite und die halbrunden Striche in der Krone aus; sie sollen, wie schon erwähnt, das hellere Laub der vorstehenden Zweige darstellen.

Die Nadel mit den eingefädelten Restfäden stecke ich nach Gebrauch vorläufig ins Nadelkissen, oder noch besser, in eine Pinnwand (die Fläche ist größer für die noch hinzukommenden Nadeln).
Zur besseren Unterscheidung nehme ich mit einem Papierschnipsel die entsprechende Kennzeichnung vor „2/267", denn mit fortschreitender Arbeit sind die gemischten Fäden schlecht voneinander zu unterscheiden.
Direkt über die hellen Halbrundungen sticke ich unregelmäßig mit einem Faden den dunkelsten Farbton meines Sortiments ein, nämlich Nummer 934 des DMC-Garnes, und deute damit plastisch und farbig das in der Laubkrone zurückliegende, dunkle Blättergewirr an.
Anschließend sticke ich mit einem Faden 267 und einem Faden 268 (1/267-1/268) die Fläche in Richtung Kronenmitte weiter aus. Auch diese Nadel stecke ich nach Gebrauch in die Pinnwand, kennzeichne die Farbkombination und fädele in eine weitere Nadel zwei Fäden mit Nummer 268 (2/268) ein. Die Arbeitsweise wiederholt sich: Aussticken, Nadel kennzeichnen und eine neue Nadel mit einem Faden 268 und einem Faden 269 und schließlich zwei Fäden (2/269).

Erst jetzt, nachdem die Baumkrone fertiggestellt ist, kann man das nahtlose Ineinanderfließen der Farben erkennen. Bei Bedarf wird auf eine bereits eingefädelte Nadel zurückgegriffen und mit der entsprechenden Kombination Lücken geschlossen oder eine besondere Farbstelle hervorgehoben.
Wird eine Baumkrone oder ähnliches größeren Ausmaßes gestickt, müssen über die gesamte Fläche unregelmäßig verteilt, mit Garn-Nummer 934 DMC zwischen die dicken Knoten einfädige Knötchen gearbeitet werden. Sie lockern die Stickfläche zusätzlich auf und verleihen der Farbfläche den Schatteneffekt.

Die Drei-Faden-Mischung

Bei der Drei-Faden-Kombination wird ähnlich verfahren, wie eben beschrieben. Ich nehme jeweils einen Faden ab und füge einen Faden des nebenliegenden Farbtons hinzu, wie aus nachfolgender Aufstellung ersichtlich wird:

3/267 – 2/267–1/268 – 1/267/2/268 – 3/268 – 2/268–1/269 – 1/268–2/269 – 3/269

und zusätzlich kann mit Nummer 934 DMC noch weiter in den Schattenbereich gemischt werden:

2/269–1/934 – 1/269–2/934 – 3/934

Die Drei-Faden-Kombination ist selbstverständlich nur ein Anhalt, um auf diese Weise das Mischen zu demonstrieren.

Um größere Flächen auszuarbeiten, ziehe ich fast die gesamte Farbgruppe heran, lasse aber meistens einen Farbton als „Reserve“ zurück (jeweils den hellsten oder dunkelsten). Diese Reserve setze ich dann punktweise dort ein, wo nach meinem Empfinden in der fertiggestellten Stickfläche, gemessen am Gesamteindruck, „noch etwas fehlt“.

Meine Reservefarbe ist auch noch aus einem anderen Grund von Bedeutung: Beim Sticken der Knötchen mit gemischten Fäden kann nicht von vornherein bestimmt werden, welcher Farbton dominiert, und es kann durchaus sein, daß gerade dort, wo der fließende Farbübergang gestaltet werden soll, mehrmals nacheinander der Farbton oben liegt, der nicht mehr gewünscht wird, weil er entweder zu hell oder zu dunkel ist.

Das Mischen ist also mehr oder weniger ein Zufallsergebnis, das ich entweder so hinnehme oder durch den Einsatz meiner „Reserve“ zusätzlich farblich verändere.
Bei größeren Darstellungen ist eine unerwünschte Zufallsmischung ohne Bedeutung, weil sie in dem Knotengemisch untergeht, lediglich bei kleineren Bildformaten muß farblich verändert werden, da die Knotenzahl auf kleiner Fläche gering ist und jede Fehl-Farbtönung zu erkennen ist.

Mischen mit Spannfäden

Bei der Gestaltung von Flächen mit Spannfäden verwende ich hauptsächlich die Zweierkombination. Das mache ich auch nur im Vordergrund, weil ich die Hintergrundflächen und alle optisch tieferliegenden Darstellungen mit Textilfarbe abtöne.

So findet also der Spannstich mit 2 Fäden bei mir überwiegend in senkrechter Richtung Anwendung. Mit ihm gestalte ich die Ränder von Kornfeldern, wobei ich zum Gelb einen hellen Braunton hinzufüge, um dann zusätzlich mit einfädigen Spannstichen einen dunkelbraunen Farbton als Schattenwirkung zu ergänzen oder einen Grünton, der das Korn-Gras-Gemisch am Boden andeutet. Der einfädige Stich lockert auch die schnurgeraden senkrechten Spannstiche auf und bringt „Bewegung“ in die Darstellung.

Weil mit der Spannstich-Mischung keine fließenden Farbübergänge gestaltet werden müssen, können Farbtöne unterschiedlicher Farbgruppen gemeinsam verarbeitet werden: Grün/Braun, Gelb/Grün, Braun/Gelb.

Wie Sie sehen, besteht bei dieser Sticktechnik eine unbegrenzte Gestaltungsvielfalt, denn das Mischen kann – um nochmals das Knötchen zu erwähnen – etwa bei der Farbe Grün durch Grüntöne anderer Farbgruppen erweitert werden.

Wunderbar lassen sich auch Herbstfarben im Knötchenstich gestalten, wenn eine Vielzahl von Gelbtöne untereinander oder Brauntöne untereinander oder beide Farben zusammen gemischt werden.

Die in diesem Abschnitt beschriebenen Mischungen sollen für Sie nur eine Anregung sein und Sie zu weiteren Experimenten ermutigen.

Das Aussticken des Motivs

Zur Anwendung kommen folgende Garnfarben:
Nummer: 280 helles Olivgrün und 281
267, 268, 269, Farbgruppe „Frühlingsgrün"
859, 860, 861, 862, Farbgruppe Blaugrün
845 und 846, Farbgruppe „verwaschenes Sommergrün"

Textilfarben
Nummer: 397 Grau
1 Weiß
302 Gelb
291 Gelb
382 Braun und 358
333 Rot

Zunächst mit Textilfarbe die Buschreihe im Hintergrund ausmalen.
Beginnen Sie mit dem vorderen Baumstamm von unten bis zur Laubgrenze zweifädig 1/397-1/weiß im waagerechten Spannstich. Der Anfangsfaden kann rückseitig mit einem Knoten gesichert werden.
Die Zweige im Laub mit einem Faden 397 im waagerechten, kurzen Spannstich.
Feld 1 von oben nach unten zweifädige Mischung 1/267–1/280.

Feld 2 einfädig von außen nach innen mit 280, 267, dann 268; die Hängespitze mit 280.

Feld 3 von links nach rechts zweifädig 267, dann Mischung 1/267–1/268, die Hängespitze 2/267.

Feld 4 von links nach rechts dreifädig 2/280–1/267, dann 1/280–2/267, 3/267, 2/267–1/268, 1/267–2/268, 3/268, 2/268–1/269, 1/268–2/269, 3/269.

Feld 5 von außen nach innen zweifädige Knötchenmischung 1/280–1/267, 2/267, 1/267–1/268.

Feld 6 von außen nach innen zweifädig Nr. 280, Mischung 1/280–1/267, 2/267, 1/267–1/268, Hängespitzen einfädig 267, außen einfädig 280.

Feld 7 dreifädig 280, 2/280–1/267, 1/280-2/267, 3/267, 2/267–1/268, 1/267–2/268, 3/268, 2/268–1/269, 1/268–2/269, 3/269. Die Hängespitzen außen einfädig 280, innen zweifädige Mischung 1/280–1/267.

Feld 8 dreifädige Mischung 2/280–1/267, 1/280–2/267, dann wird eine Kombination übersprungen und mit 2/267–1/268 weitergestickt, 3/268, 2/268–1/269, 1/268–2/269, 3/269 für die Hängespitze, mit 2/269 nach unten auslaufen lassen.

Feld 9 von links nach rechts dreifädige Mischung 2/267-1/268, 1/267–2/268, 3/268, Kombination überspringen und mit 1/268–2/269. Die Hängespitze zunächst zweifädig 1/269–1/934, dann einfädig auslaufen lassen mit 934.

Feld 10 von oben nach unten zweifädige Mischung 1/267–1/268, Kombination überspringen, 1/268–1/269, 2/269, Hängespitzen einfädig auslaufen lassen mit 934.

Feld 11 von außen nach innen dreifädige Mischung 1/280–2/267, Kombination überspringen, dann 2/267–1/268, 1/267–2/268, dann 3/268, Hängespitzen zweifädig 1/267–1/268 und einfädig 268 auslaufen lassen.

Feld 12 dreifädige Mischung von links nach rechts 2/280–1/267, 1/280–2/267, Kombination auslassen, dann 2/267–1/268, Kombination auslassen, dann 3/268, 2/268–1/269, Hängespitzen auf zweifädig reduzieren 1/268–1/269, einfädig mit 934 auslaufen lassen.

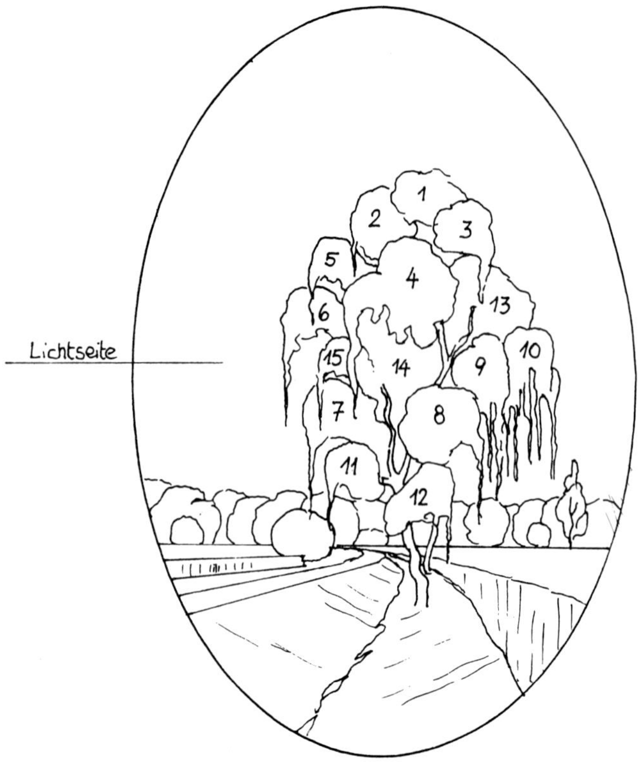

Feld 13 und **14** ist eine Mischung aus zwei Fäden (1/269–1/934) und einem Faden 934. Die zweifädigen Knötchen werden unregelmäßig über das Feld verstreut gestickt, die Zwischenräume mit Nr. 934 mit einfädigen Knötchen ausgefüllt.

Feld 15 ist eine zweifädige Mischung 2/267, 1/267–1/268, 2/268.

Die Zwischenräume zwischen den einzelnen Feldern werden mit einfädig 934 ausgefüllt, so daß nach und nach die einzelnen Felder zu einer Gesamtheit zusammengefügt werden.

Die äußersten rechten Hängespitzen mit einfädigen Knötchen 934 sollten erst dann gestickt werden, wenn die reche Kornfeldoberfläche gestaltet worden ist, damit sie in die gelbe Fläche hineinragen.

Es folgt, nachdem die vordere Baumkrone fertiggestellt worden ist, der Stamm der hinteren Birke mit Weiß im einfädigen kurzen Spannstich, bis er im Laub des vorderen Baumes verschwindet.

Der Busch im Hintergrund wird von links nach rechts mit einfädigen Knötchen, Nummer 859, 860, 861, 862 gearbeitet.

Beginnen Sie nun das linke Kornfeld von links nach rechts mit waagerechten, kurzen Spannstichen einfädig Nummer 302.

Ist die Feldoberfläche vollständig ausgefüllt, folgen mit einem Faden kurze, senkrechte Spannstiche zur Gestaltung der Halme am Feldrand. Danach in die gleiche Stichreihe mit Nummer 358 den Braunton unregelmäßig einsticken.

Es folgt der linke Grasrand zwischen Feld und Weg mit Nummer 845 einfädig im waagerechten Spannstich; in Höhe des Busches nach rechts hin zwei Spannstiche mit Nummer 934 als Schattenwurf.

Die Oberfläche des rechten Kornfeldes wird wieder mit Nummer 302 einfädig ausgeführt, und zwar kurze, waagerechte Spannstiche.

Den Feldrand beginnen Sie bitte einfädig mit Nummer 302 im Hintergrund in Höhe der Wegbiegung mit winzigen, senkrechten Spannstichen.

In Höhe des vorderen Baumes lassen Sie zwei Stiche aus für das Braun des Schattens und sticken nun einfädig mit 302 weiter bis zum Vordergrund. Anschließend fügen Sie mit 382 den senkrechten und waagerechten Schatten ein.

Dann wird mit Textilfarbe sowohl der Weg als auch das Rinnsal zwischen den Böschungshälften eingefärbt. (Weg: Braun/Gelb-Mischung; Wasser: Blau/Braun, Blau sollte gering überwiegen).

Die linke Böschungshälfte beginnen Sie im Hintergrund an der Wegbiegung mit einem Faden 845 in kurzen, diagonalen Spannstichen, in Höhe des vorderen Baumes wird mit zwei Fäden 845 bis zum Vordergrund diagonal weitergestickt.

Dann wird zusätzlich mit einfädigem 846 der untere Böschungsbewuchs gestaltet, der über dem Wasser dunkler aussieht. Die kurzen, diagonalen Spannstiche bedecken teilweise die bereits vorhandene Stickerei. Wieder in Höhe der Wegbiegung beginnt die rechte Böschungshälfte mit winzigen, diagonalen Spannstichen einfädig 845 bis zum vorderen Baum. Dann arbeiten Sie mit 934 einfädig den Schattenwurf im Gras. Danach wird zweifädig weitergestickt, und zwar mit 1/845–1/281 bis zum Vordergrund.

Jetzt arbeiten Sie mit einem Faden 845 senkrechte Spannstiche wahllos in den gelben, rechten Feldrand ein, dann sticken Sie die Mohnblüten, von hinten beginnend, mit einem winzigen Knötchen bis zum Vordergrund, wo auch gewickelte Knötchen gestaltet werden können.

Abschließend werden die Böschungshälften mit Löwenzahnblüten übersät. Von hinten winzig beginnend mit einfädigen Knötchen Nr. 291, bis hin zum Vordergrund mit zweifädigen Knötchen oder Wickelknötchen.

Den Baum rechts im Hintergrund hinter dem Kornfeld können Sie entweder mit winzigen, senkrechten Überfangstichen Nummer 845 (als Schattierung 846) arbeiten oder mit Textilfarbe malen.

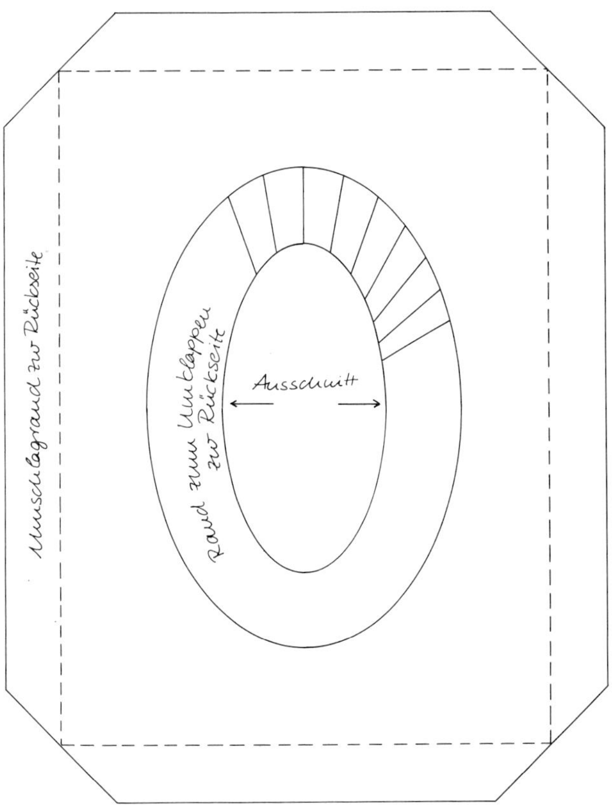

Die Fertigung des Passepartouts

Nachdem Sie nun ein größeres Bild fertiggestellt haben, stehen Sie wahrscheinlich vor der Überlegung, wie es gerahmt werden könnte.
Dazu schlage ich zwei Möglichkeiten vor:

- Das Bild in seiner Form zu belassen und es mit einem ovalen Rahmen zu umgeben.
- Das Bild hinter ein Passepartout zu setzen und beides hochkant, rechteckig einzurahmen.

Der erste Punkt wird keine Schwierigkeiten bereiten, denn der Rahmenfachhandel bietet ovale Rahmen in allen Größen.
Der zweite Punkt soll Ihnen auch keine Mühe machen, denn ich führe nun vor, wie meine Passepartouts entstehen.

Dazu wähle ich im Gegensatz zu den Passepartouts der kleinen Bilder, die aus Pappe geschnitten werden, diesmal eine Hartfaserplatte, circa 3 mm stark, Seitenlänge (für dieses Bildformat) 27 × 21 cm, zeichne das Oval des Bildausschnittes auf und säge es mit einer Laubsäge aus. Den scharfkantigen Rand der glatten Vorderseite runde ich mit Schmirgelpapier ab.

Das unschöne Aussehen der Platte können Sie mit Farbe verändern, aber auch mit Gewebe bekleben. Ich verwende dabei Stoffe, die Anteile von Kunstfasern besitzen und in Leinenbindung gewebt sind. Die Dichte von Kette und Schuß ist etwas gröber als bei den kleinen Passepartouts.

Das Gewebestück schneide ich etwas größer zu, etwa auf circa 29 × 23 cm Seitenlänge, bestreiche die Hartfaserplatte mit einem Klebestift und klebe den Stoff so auf, daß die Struktur fadengerade verläuft. Mit einem Nahtroller rolle ich vorsichtig das Gewebe glatt und schneide aus der Mitte ein Oval aus dem Stoff, so daß noch genügend Rand bleibt, um ihn nach hinten auf die Rückseite umzulegen.

Den Rand schneide ich anschließend mehrmals keilförmig ein, damit beim Umlegen keine Spannung entsteht und klebe die Einschnitte an der Rückseite fest. Danach lege ich die äußeren vier Umschlagränder um und klebe auch sie an der Rückseite an.
Damit ist das Passepartout fertig.

Weitere Arbeitsanleitungen

Motiv 1

Material: Untergrundgewebe hellblaue Baumwoll-/Polyestermischung, fünfzig Prozent zu fünfzig Prozent, aber auch andere Prozentverhältnisse.
Textilfarbe.
Garn Nummern: MEZ 267/268/269, 845/846, 302, 888, 358, 333, 291, 86, 889.

Nach dem aufwendigen Stickbild „Birke" stelle ich Ihnen ein verhältnismäßig leichtes Motiv vor. Hierbei dominiert der senkrechte Spannstich.

Einfärben der Büsche linksseitig im Hintergrund mit Farbmischung Blau/Braun und des rechten großen Busches mit Grün/Gelb/gering Braun.

Den linken Busch mit einfädigen Knötchen. Weil das Licht von links einfällt, beginnen Sie mit Nummer 267 an der linken Buschseite. Die Wölbungen ebenfalls 1/267. Dann mit 268 fortsetzen, bis in den dunklen Bereich mit Nummer 269.

Mit Nummer 302 einfädig das linke Kornfeld von hinten beginnend, mit kurzen, senkrechten Spannstichen bis zum Vordergrund. Anschließend mit Nummer 889 einfädig vereinzelte Einstiche in den gelben Feldrand.

Für den Mohn mit Nummer 333 einfädige Knötchen.

Es folgt der Grasrand zwischen Feld und Weg mit kurzen, waagerechten Spannstichen, hinten beginnend bis zum Vordergrund.

Mit Textilfarbe den Weg bemalen mit Mischung Blau/Braun, Braun überwiegt, dazu gering Gelb.

Den rechten Kornfeldrand im Hintergrund mit einfädig 302 beginnen im kurzen, senkrechten Spannstich. Diese erste Spannstichreihe setzt sich bis zum Vordergrund fort, unregelmäßig lang. Einzelne Halme sollen alle anderen überragen. Die gebogenen Ähren mit versetztem Überfangstich.

Mit einem Faden 302 in der zweiten Reihe von hinten neu beginnen und regelmäßig längere, senkrechte Spannstiche arbeiten, die die Stiche der ersten Reihe bis auf die Spitzen wieder überdecken. Die zweite Reihe bis zum Vordergrund.

Dann die dritte Reihe mit zwei Fäden, 1/302–1/888, von hinten bis zum Vordergrund. Die Doppelfäden, unregelmäßig hoch, überdecken wieder teilweise die zweite Reihe.

Zuletzt mit einem Faden 358 unregelmäßig in die vorhandene Stickerei einstechen; danach mit einem Faden 845 den gleichen Arbeitsgang.

Größe ca. 5,2 × 3,6 cm

Die Mohnblüten im Hintergrund beginnend mit einfädigen Knötchen Nummer 333, zum Vordergrund hin entweder Knötchen zweifädig oder einfädig gewickelt (drei- bis viermal um die Nadel). Mit Textilfarbe Blau und Braun, Blau überwiegt gering, den Verlauf des Rinnsals einfärben, gegebenenfalls auch eine Erdstelle (siehe Foto linke Böschungshälfte).

Mit 845 einfädig im waagerechten Spannstich, hinten beginnend, die linke Böschungsseite sticken. Nach vorn hin werden die Spannstiche leicht diagonal.

Rechte Böschungsseite mit 845 einfädig waagerechte, kurze Spannstiche, ab Bildmitte mit zwei Fäden 845 leicht diagonal bis zum Vordergrund. Schließlich zusätzlich mit 1/846 von der Feldrandunterseite in die 845er Stickerei mit kurzen, unregelmäßigen Spannstichen.

Die Löwenzahnknötchen vom Hintergrund an einfädig mit Nummer 291, im Vordergrund gewickelt.
Die hochstehenden Gräser rechts des Weges mit 1/267 arbeiten, vorn beginnend, senkrechte Spannstiche. Danach 1/268 und die erste Stichreihe wieder teilweise überdecken, zusätzlich eventuell mit 1/269 winzige Spannstiche in 268.
Die Blüten sind Knötchen mit 1/86.

Motiv 2

Material: Untergrundgewebe Baumwoll-/Polyestermischung fünfzig Prozent zu fünfzig Prozent, aber auch Stoffe mit anderen Prozentverhältnissen.
Textilfarbe.
Zum Malen der Äste wird eine dünne Pinselstärke benötigt (0 oder 00), als Alternative einen Signierstift für Seidenmalerei.
Stickrahmen der Größe 21,5 cm.

Garn-Nummer:	MEZ 891, 890, 901, 365, 310, 357, 358, 359, 360, 905, 380, 382, 355, 843, 844, 845, 846, 268, 269, 856.
DMC	934.

Beim vorliegenden Herbstmotiv zeige ich das Zusammenspiel von gemischten Farbtönen und einzelnen Farben. Bei keiner anderen Gelegenheit kann man so sprunghaft in einer Fläche mit Farben und Farbtönen umgehen wie gerade bei einer Herbstdarstellung, sieht man einmal von den bunten Blumenblüten ab.
Aus der großen Gelb-Braun-Auswahl der MEZ-Farbkarte habe ich für dieses Motiv eine Farbkette entwickelt und in diesem Bild umgesetzt.
Die Farbkette ist keineswegs verbindlich; sie kann an jeder Stelle unterbrochen und/oder ergänzt werden.
Sie können sich aber auch eine völlig neue Gelb-Braun-Abstufung zusammenstellen.
Auch bin ich hier von meiner Technik abgewichen, die Farbtöne fortlaufend zu mischen, sondern setze einzelne Kombinationen aus.
Meine Farbkette von hell nach dunkel lautet:
891–890–901–365–310–358–359–360–380–381–382.

Beginnen Sie das Bild mit dem Aussticken der Baumstämme im kurzen, einfädigen Spannstich, Nummer DMC 934. Der vierte und sechste Stamm, von rechts gesehen, ist mit Nummer 846 gestickt. Die beiden Stämme sollen gering heller wirken, weil sie etwas aus der Gruppe der Bäume vorstehen.

Die Äste des rechten Baumes habe ich im senkrechten Überfangstich gearbeitet, die dünneren Zweige mit dem Signierstift gezeichnet.

Anschließend die Baum-/Buschreihe des Hintergrundes ausmalen, weil im folgenden dort eingestickt wird.

Feld 2 ist eine Mischung aus Gelb und Grün, gearbeitet von oben rechts nach links unten.

Von oben 2/901, dann 1/901–1/845, 1/365–1/845, 1/365–1/846, 1/310–1/846.

Wölbung 2a 2/890, 1/890–1/844, 1/310–1/845.

Feld 3 von oben und rechts außen 2/891, 1/891–1/890, 1/890–1/843, dann nach links unten ins Feldinnere 1/901–1/365, 1/365–1/310, 2/310, 1/905.

Wölbung 3a 2/891, 1/891–1/890, 2/890, 1/890–1/901.

Wölbung 3b 1/890–1/891, 1/890–1/844, 1/901–1/845, 1/365–1/845.

Feld 4 3/891, 1/891–2/890, 2/890–1/901, 3/901, 1/901–2/365, 1/905.

Feld 4b wiederholt sich, wie eben beschrieben.

Feld 4a wiederholt sich, dann weiter mit 1/365–2/310, 2/310–1/358, 2/358–1/905.

Feld 5 2/891–1/890, 2/890–1/901, 2/365–1/901, 2/310–1/365, 2/358–1/310, 1/358–2/905, 2/380.

Feld 6 ist die kontrastreiche Grünfläche. Ich unterteile hier gleich in a und b.

Feld 6a von oben nach unten 2/268–1/844, 3/268, 2/268–1/269, von rechts oben nach unten 2/268–1/365, 3/268, 2/268–1/269, 2/269.

Feld 6b wiederholt sich.

Feld 7 durchlässig gestickt, so daß sowohl der Himmel als auch der gemalte Hintergrund zu erkennen sind: 2/901, 1/890, 1/310.

Feld 8 1/310–1/358, 2/358, 1/358–1/359.

Wölbung 8a 2/310, 1/310–1/358, 1/358–1/359, 1/359–1/360, 1/360–1/382.

Feld 9 Baumkronenfläche vorgefärbt, von oben nach unten 1/891, 1/890, 1/901, 1/365.

Bild oben: Größe ca. 15 × 10 cm
Bild rechts: Größe ca. 15 × 10 cm

Die Zweige des rechten kahlen Baumes werden mit einfädigen Knötchen Nummer 890 teilweise überstickt. Einfädige Knötchen Nummer 310 auch unterhalb Feld 3a in die Himmelsfläche zwischen den Zweigen und mit 1/268 oberhalb der Grünfläche.
Nun wird der Boden eingefärbt, unterhalb der Bäume mit Mischung Blau und Braun.
Das Laub am Boden unterhalb der Baumgruppe mit einfädigem Überfangstich, von vorn nach hinten: 1/355, 1/357, 1/359.

Die herabhängenden Zweige im Vordergrund links oben im einfädigen Überfangstich, das Laub mit 3/856, 2/856–1/934 DMC, 1/310.

Um die Himmelsweite aufzulockern, können Sie noch einige Wölkchen mit weißer Textilfarbe eintupfen.

Motiv 3

Die Büsche im Hintergrund mit Textilfarbe bemalen, dann unterhalb den gelben Streifen Kornfeld. Die Baumstämme mit kurzen waagerechten Spannstichen einfädig 934. Der linke Baum ist mit zweifädigen Knötchen 267, 268, 269 gestickt, dazwischen einfädig 934. Den mittleren Baum einfädig sticken. Knötchen mit 280, 267, 268, 269. Mit den gleichen Farbtönen, nur zweifädig, den rechten Baum gestalten. Das Gras hinten links beginnend, kurze, senkrechte Spannstiche mit 845, unterhalb der Bäume 934, dann 267 bis zum rechten Bildrand. 2. Reihe mit 267, 901, 268. 3. Reihe 268, 301, 901, 267, 269. Ackerboden braun einfärben. Einfädige Knötchen mit 291 (Löwenzahn), 355 und 380 Erdbrocken.

Garnfarben:
280, 267, 268, 269, 934 DMC, 301,
901, 291, 118, 355, 380, 845

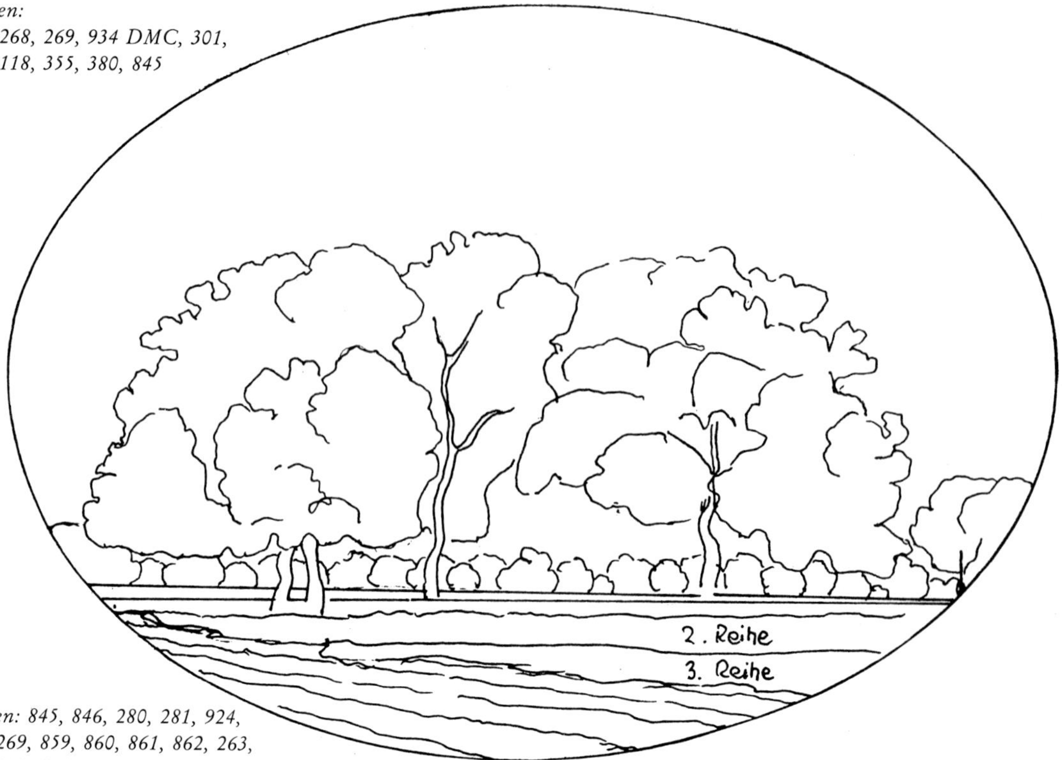

Garnfarben: 845, 846, 280, 281, 924,
267, 268, 269, 859, 860, 861, 862, 263,
301, 302, 355, 358, 901, 381, 898, 368.

Motiv 4

Mit einfädigen Knötchen 845 und 846 wurde der Höhenzug im Hintergrund und die Büsche zwischen den Feldern gestaltet. Die Felder im waagerechten Spannstich mit den Nummer 280, 302, 267, 355, 368, 898, 301, 859. Den Berg vor dem Höhenzug mit 263, kurze, senkrechte Spannstiche, dazwischen einfädige Knötchen mit 267, 268. Den flachen Berg im Mittelgrund mit 263 und 845 im Wechsel, ebenfalls senkrechte Spannstiche. Die vorgelagerten Büsche sind Knötchen mit 2 Fäden 267, 268, 269, 859, 860, 861. Die Flächen zwischen den Büschen im Mittelgrund mit Textilfarbe einfärben. Der Busch links im Vordergrund besteht aus dreifädigen Knötchen mit 280, 282, 924, der nach rechts hin anschließende Kiefernwald aus zweifädigen Knötchen mit 861 und 862. Mit Textilfarbe die Fläche unter den Kiefernstämmen bemalen; die Stämme sind zweifädige, senkrechte Spannstiche mit 355 und 381. Unterhalb des Busches sollen Felsen angedeutet sein mit waagerechten Spannstichen mit 898, 358, 905. Die Gräser links unten mit zweifädigen, kurzen, senkrechten Spannstichen mit 368, 267, 845.

Motiv 5

Die Bäume und Büsche des Hintergrundes mit Textilfarbe gestalten.
Den Stamm der vorderen Birke im waagerechten Spannstich mit Nr. 397. Die dunklen Stellen in der Rinde mit Textilfarbe eintupfen, Mischung Blau und Braun.
Mit einfädigen Knötchen die Baumkrone gestalten. Von der Lichtseite (links) her mit Nummer 280 und 267. Die herabhängenden dünnen Zweige mit Überfangstichen. Zur Baummitte hin mit Nummer 268 und 269, ganz rechts außen im Schatten, mit Nummer 934 DMC-Garn.
Die beiden hinteren Birkenstämme mit Nummer 397 im kurzen, senkrechten Spannstich.
Den Weg und die Wiese rechts mit Textilfarbe einfärben.
Die Grasfläche links und rechts des Weges mit waagerechten Spannstichen mit Nummer 845, vereinzelt auch mitten im Weg. Unterhalb der vorderen Birke zwei Reihen mit Nummer 934 als Schattenwurf.
Den Busch rechts auf der Wiese im versetzten Überfangstich mit Nummer 845 als Lichtseite (links) und 846 für Schatten, eventuell unterhalb des Busches auch Nummer 934.
Die Gräser im Vordergrund im langen, senkrechten Spannstich. Zunächst mit Nummer 845, dann mit Nummer 846 nochmals darüber sticken.
Die Blütenfarbe mit Nummer 69 gestalten, aber auch mit anderen Farbtönen, die sich noch als Restfäden im Sortiment befinden.

Nr. der Garnfarben:
Birke: 280, 267, 268, 269, 397
934 DMC
Busch: 845 und 846
Grasflächen links und rechts des Weges Nr. 845.
Gräser und Blüten rechts vorne: 845, 846 und 69

Motiv 6

Bäume und Büsche im Hintergrund mit Textilfarbe, ebenso andeutungsweise das Haus.
Der Stamm des Baumes mit kurzen, waagerechten Spannstichen, Abzweigungen mit Überfangstichen, Nr. 934 DMC-Garn.
Das Laub der Baumkrone mit einfädigen Knötchen. Die Lichtseite ist links.
Äußerst links mit Nr. 280 stellenweise helle Flecken einsticken, dann die Rundungen in der Mitte. Anschließend mit Nr. 267 abstufen und mit den Nr. 268 und 269 in den Schattenbereich hineinarbeiten.

Nach Fertigstellung der Baumkrone vereinzelt mit Nr. 934 dunkle Stellen besonders betonen, so wird die Kontrastwirkung erhöht.
Den linken Busch mit einfädigem versetzten Überfangstich. Links, an der Lichtseite, mit Nr. 267 beginnen, dann 268 und schließlich 269.
Den rechten Busch mit einfädigem versetzten Überfangstich. Wieder links beginnend mit dem hellen Garn, Nr. 859. Danach 860 und 861. Äußerst rechts und unterhalb des Busches die Nr. 862 einsetzen.
Die linke und rechte Grasfläche und die beiden Wege mit Textilfarbe einfärben.
Zur Gestaltung der mittleren Grasfläche mit Überfangstichen am Baum beginnen. Zunächst eine Reihe 934 als Schatten, dann drei bis vier Reihen mit Nr. 281. Anschließend Spannstiche mit Nr. 281 waagerecht.

Nr. d. Garnfarben:
Baum: 280, 267, 268, 269
934 DMC
linker Busch: 267, 268, 269
rechter Busch: 859, 860, 861, 862,
Grasfläche Bildmitte: 281, Blüten 291

Garnfarben:
280, 267, 268, 269, 845, 859, 860, 861, 291, 934 DMC

Motiv 7

Den Hintergrund der linken Bildseite mit Textilfarbe einfärben. Baum 1 mit einfädigen Knötchen 280, 267, 268, 269. Lichtseite ist rechts. Den Stamm mit 934 in kurzen, waagerechten Spannstichen. Den Untergrund des linken Rapsfeldes mit Grün vorfärben, dann mit 291 im einfädigen Knötchenstich übersticken.
Baum 2 im versetzten Überfangstich mit 859, 860, 861. Rechte Bildseite bis zum Busch mit Gelb/Weiß einfärben. Den Busch mit versetzten Überfangstichen 267, 268, 269. Den Untergrund des rechten, vorderen Rapsfeldes mit Grün vorfärben und mit 291 im einfädigen Knötchenstich übersticken. Den Weg einfärben und links und rechts davon mit 845 in kurzen, waagerechten Spannstichen den Grasrand sticken.

Garnfarben:
280, 267, 268, 269, 859, 860, 861, Weiß, 895, 86, 968, 109, 324, 934 DMC

Motiv 8

Bäume und Büsche des Hintergrundes mit Textilfarbe färben. Den Baumstamm mit 934 in kurzen, waagerechten Spannstichen. Das Laub im einfädigen Knötchenstich mit 267, 268, 269. Lichtseite ist links.
Busch 1 mit 280, 267, 268 im versetzten Überfangstich; Busch 2 ebenfalls, aber mit den Nummern 859, 860, 861.
Die Wiese mit Textilfarbe einfärben, unter den Blüten im Vordergrund mit tiefdunklem Grün. Die Blüten mit gewickelten Knötchen gestalten. Von links mit Nummer 895, Weiß, 86, 968, 109 sticken. Die Blumenstiele hinter den Beeten sind kurze, senkrechte Spannstiche mit 268, die Blüten Nummer 324.

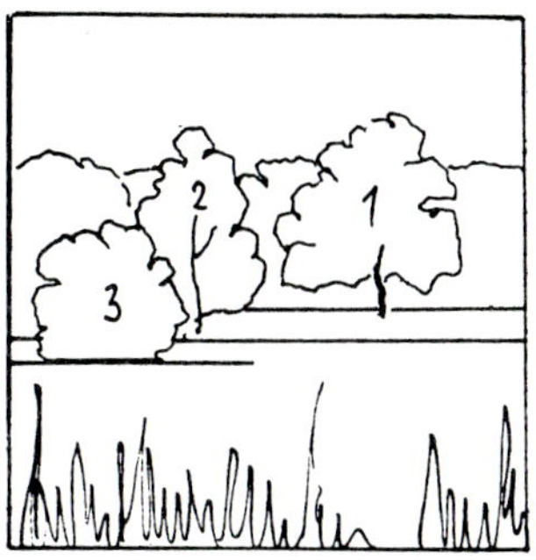

Garnfarben:
280, 267, 268, 269, 934
DMC, 859, 860, 861, 862,
86, 301, 846

Garnfarben:
98, 99, 268, 267, 269

Motiv 9

Den Hintergrund und das jenseitige Ufer mit Textilfarbe bemalen. Die Bäume 1 und 2 mit versetzten Überfangstichen. Die Stämme mit kurzen, senkrechten Überfangstichen mit 934. Bei beiden von der Lichtseite her (rechts) mit 267, 268, 269, Baum 2 zusätzlich noch 280. Das Wasser mit Farbe gestalten.
Den Busch 3 im einfädigen Knötchenstich, von rechts nach links mit 859, 860, 861, 862. Unterhalb des Busches eine Stichreihe waagerechter Überfangstiche mit Nummer 846. Die Gräser im Vordergrund mit unregelmäßig langen, senkrechten Spannstichen 267, 268, 269, 301. Die Blüten sind Knötchen mit einem Faden Nummer 86.

Motiv 10

Die gesamte Bildfläche mit Textilfarbe einfärben, einschließlich der Fläche, die bestickt werden soll, tiefdunkles Grün. Mit den Nummern 98 und 99 im Wechsel die Fliederblüten mit einfädigen Knötchen. Die Zwischenräume mit 268 und 269 ausfüllen. Den Grasbewuchs unterhalb der Mauer mit kurzen, senkrechten Spannstichen 267 und 268.

Garnnummern:
891, 890, 901, 905, 357, 310, 268, 281, 845
934 DMC
291

Garnnummern:
934 DMC, 891, 890, 901, 357

Motiv 11

Die mit F bezeichnete Fläche und die dunkle unterhalb der Bäume mit Textilfarbe einfärben. Baum 1 mit einfädigen Knötchen und den Farbtönen 891, 890, 901 und 310. Oberhalb der Rundungen mit Nummer 905. Baum 2 im versetzten Überfangstich mit gleichen Farbtönen. Baum 3 einfädige Knötchen mit Nummer 268, dazwischen 281 und 934. Baum 4 einfädige Knötchen mit den Nummern 901 und 357. Baum 5 mit einfädigen Knötchen 268, dazwischen 901. Die winzigen Baumstämme mit 905 und 934 DMC. Mit 891 kurze senkrechte Spannstiche als verdorrte Grasreihe. Den Acker mit Textilfarbe. Mit Nummer 845 und 291 die Blüten.

Motiv 12

Den Himmel mit leichtem Blau einfärben; die Bäume und Büsche und die Wiese mit Textilfarbe bemalen. Den Stamm des Baumes und vereinzelte Zweige mit Nummer 934. Den Stamm mit kurzen, waagerechten Spannstichen, die Zweige mit Überfangstichen. Das Herbstlaub des Baumes im Wechsel mit den Nummern 891, 890 und 901. Schattenstellen mit 357, Knötchen einfädig. Das Laub am Boden unterhalb des Baumes mit waagerechen Überfangstichen mit 357 und 901.

Garnfarben:
859, 860, 861, 862, 934, 357, 972

Motiv 13

Im Hintergrund die Bäume und Büsche einfärben und das Waldstück hinter der Kiefer ebenfalls. Stamm und Zweige der Kiefer im unteren Bereich mit Nummer 934, die Zweige weiter oben mit 357. Den Stamm im waagerechten Spannstich, die Zweige im Überfangstich. Das Grün des Baumes mit 859 bis 862 mit einfädigen Knötchen.
Die Bodenflächen mit Textilfarbe einfärben. Für die vereinzelte Darstellung des Heidekrautes Knötchen mit Nummer 972.

Garnfarben:
280, 267, 268, 269, 934
DMC, 845, 846, 291, 119

Motiv 14

Die Bäume und Büsche des Hintergrundes mit Textilfarbe gestalten. Mit den Nummern 280, 267, 268, 269, 934 die Baumgruppe mit einfädigen Knötchen aussticken. Die Baumstämme mit Nummer 934 in kurzen, senkrechten Überfangstichen.
Die Wiese mit Textilfarbe einfärben. Die Gräser im Vordergrund mit Nummer 845 in senkrechten, unterschiedlich langen Spannstichen. Die Blüten mit einfädigen Knötchen, teilweise gewickelt, mit den Nummern 291 und 119.

Motiv 15

Die Baumstämme im kurzen, waagerechten Spannstich mit 934, einfädig. Das Laub der Baumkrone mit zweifädigen Knötchen der Nummern 280, 267, 268, 269, auch unter Verwendung von Mischfäden. Die Zwischenräume und zum Bauminneren hin mit 269 und 934 einfädig.
Linkes Kornfeld unregelmäßig lange, senkrechte Spannstiche bis zum Vordergrund hin mit 302. Mit 888 in die Stichreihe einstechen, anschließend zusätzlich noch mit 845. Grasrand neben dem Kornfeld mit einfädig waagerechtem Spannstich 845 und dicht am Feld 846. Mit 333 die Mohnblüten sticken, im Vordergrund gewickelt.
Mit Textilfarbe die Felder im Hintergrund ausmalen und die Wege.
Für das rechte Kornfeld einfädig 302, 888, 333. Ebenfalls einfädig der Grasstreifen zwischen Weg und Feld mit 845 im waagerechten Spannstich.

Garnfarben:
280, 267, 268, 269, 934 DMC, 302, 888, 845, 846, 333

Motiv 16

Den Hintergrund bis zu den beiden Bäumen einfärben. Die Stämme mit 934 in kurzen, waagerechten Spannstichen. Die Baumkronen mit einfädigen Knötchen 267, 268, 269. Die Buschreihe, äußerst rechts beginnend, mit einfädigen Knötchen. Busch 1 859, 860, 861. Busch 2 267, 268, 269. Busch 3 268, 269, 934. Busch 4 280, 268, 269. Busch 5 859, 860, 861. Busch 6 mit versetzten Überfangstichen 267, 268, 269. Das linke Kornfeld mit senkrechten, einfädigen Spannstichen 302. Mit Textilfarbe (Hellbraun) die gelben Stiche stellenweise bemalen. Vom linken Baum bis zum Vordergrund mit 845 kurze, waagerechte Spannstiche. Die Fahrspuren mit Farbe gestalten. Das rechte Kornfeld, von hinten beginnend, mit kurzen, senkrechten Spannstichen mit 302. Zum Vordergrund hin 3-4 Reihen untereinander; in der vorderen Reihe lange, unregelmäßige Spannstiche. Danach zusätzlich mit 888 in die langen Stiche einstechen.
Anschließend mit 845 nochmals in die vordere Reihe einstechen. Zuletzt mit 146 einfädige Knötchen als Kornblumen. Mit 888 in die Kornfeldoberfläche kurze, senkrechte Spannstiche. Mit waagerechten, unregelmäßig langen Spannstichen den mittleren und seitlichen Grasbewuchs des Weges mit 845 bis zum rechten Bildrand. Einfädige Knötchen mit 291 für die Löwenzahnblüten. Das Grasbüschel im Vordergrund besteht aus einfädigen Spannstichen mit 845 und 846; die Blüten mit 86.

Garnfarben:
267, 268, 269, 934 DMC, 280, 859, 860, 861, 888, 291, 146, 845, 846, 86

Größe circa 5 × 5 cm

Nachwort

Abschließend möchte ich noch bemerken, daß ich kein gelernter Sticker bin, sondern mir sämtliche Handhabungen selbst ausgedacht habe.
Vorliegende Stickanleitung soll Mut machen, ohne Stickerfahrung und großen Aufwand etwas Schönes anzufertigen. Erforderlich ist Spaß an der Arbeit, Kreativität und Geduld, die Weiterentwicklung der Fähigkeiten geht dann von selbst vor sich, ohne daß sie bewußt wahrgenommen wird.

Die in dieser Aufzeichnung beschriebene Technik und ihre Ausführung ist mein momentaner handwerklich-künstlerischer Stand und weil es im freien Sticken keine Grenzen gibt, bin ich sicher, daß sich meine Technik fließend weiter fortsetzt.